THE  TIMES
Quintagrams

Book 1

THE ✦ TIMES
Quintagrams

500 puzzles from *The Times*

Book 1

Edited by David Parfitt

Published in 2019 by Times Books

HarperCollins*Publishers*
Westerhill Road
Bishopbriggs
Glasgow, G64 2QT

www.harpercollins.co.uk

10 9 8 7 6 5 4 3 2 1

Quintagram® is a registered trademark of Times Newspapers Limited

ISBN 978-0-00-834375-0

Typeset by Susie Bell, www.f-12.co.uk

Printed and bound by CPI Group (UK) Ltd, Croydon, CR0 4YY

If you would like to comment on any aspect of this book, please contact us at the given address or online. E-mail: puzzles@harpercollins.co.uk

Acknowledgements
Concise Quintagram: DAVID PARFITT
Cryptic Quintagram: ed. RICHARD ROGAN

 facebook.com/collinsdictionary @collinsdict

MIX
Paper from
responsible sources
FSC
www.fsc.org
FSC™ C007454

This book is produced from independently certified FSC™ paper
to ensure responsible forest management.

For more information visit: www.harpercollins.co.uk/green

Contents

Introduction

Welcome to the newest—and speediest—way to enjoy crosswords. A Quintagram is a five-clue mini crossword with one difference: there is no grid. Instead, you are provided with a bank of 32 letters from which to make your answers. Solve each clue and cross out the corresponding letters in the bank as you go. You've cracked a Quintagram when you solve the final clue and triumphantly cross through the last letter in the bank.

In this new collection, we bring together 500 Quintagrams from *The Times*: 250 concise and 250 cryptic, originally published between July 2018 and May 2019.

Quintagrams are brilliant for solving on the go, whenever you have a spare minute. Be warned, though: they are extremely addictive. Once you've solved one, you'll be dying to start on the next.

As an optional extra challenge, every concise puzzle from No 60 onwards contains a hidden theme. Often the first four answers are connected in some way and the fifth hints at the link. However, some themes work a little differently or relate to the bank of letters or clues—so be alive to all possibilities. Watch out too for a liberal helping of puns and homophones.

Some of the concise themes relate to occasions at the time of original publication. In particular, No 72 was our

200th puzzle, No 80 appeared on October 31, Nos 126–133 appeared from December 24 to January 1, No 210 appeared on April 1 and No 227 appeared at Easter.

Finally, thanks to Richard Rogan, for his assiduous editing of the cryptic puzzles, and to all the Cryptic Quintagram setting team.

Happy Quintagramming!

David Parfitt
Puzzles Editor of *The Times* and inventor of Quintagram

Solve new Quintagrams every day by subscribing to *The Times*: thetimes.co.uk/subscribe

How to solve a Quintagram

Solve all five clues using each letter underneath once only. Enter each answer in the spaces below each clue, crossing out the letters used in the bank at the bottom, as with GUST in the example. The puzzle is complete when every letter in the bank is crossed out.

1 Sudden blast of wind (4)
<u>G</u> <u>U</u> <u>S</u> <u>T</u>

2 Glossy fabric (5)
_ _ _ _ _

3 Tropical bird (6)
_ _ _ _ _ _

4 Trip, voyage (7)
_ _ _ _ _ _ _

5 Co-discoverer of radium (5,5)
_ _ _ _ _ _ _ _ _ _

A	A	A	C	E	E	E	G̶
I	I	I	J	M	N	N	O
O	P	R	R	R	R	R	S̶
S	T̶	T	T	U̶	U	U	Y

Puzzles

Concise Quintagrams

1

1 Semiaquatic mammal (4)

_ _ _ _

2 Disruptive sound (5)

_ _ _ _ _

3 Friendly, welcoming (7)

_ _ _ _ _ _ _

4 One who adopts a new faith (7)

_ _ _ _ _ _ _

5 Avocado dip (9)

_ _ _ _ _ _ _ _ _

A	A	A	A	C	C	C	D
E	E	E	E	G	I	I	L
L	L	M	N	N	O	O	O
O	R	R	S	S	T	U	V

2

1 Long sharp tooth (4)

_ _ _ _

2 Largest Canadian province (6)

_ _ _ _ _ _

3 Gruesome, macabre (6)

_ _ _ _ _ _

4 Sustenance for livestock (6)

_ _ _ _ _ _

5 Celebrated Polish astronomer (10)

_ _ _ _ _ _ _ _ _ _

A	B	C	C	C	D	D	E
E	E	E	F	F	G	G	I
I	L	N	N	O	O	P	Q
R	R	R	S	S	U	U	Y

3

1 Uncontrolled cricket shot (4)

— — — —

2 Naked (4)

— — — —

3 Gunslinger's pouch (7)

— — — — — — —

4 Often, regular (8)

— — — — — — — —

5 Foxglove genus of plants (9)

— — — — — — — — —

A	D	D	E	E	E	E	F
G	G	H	I	I	I	L	L
L	N	N	O	O	Q	R	R
S	S	S	T	T	T	U	U

4

1 Persuade, cajole (4)

— — — —

2 Shade of blue (5)

— — — — —

3 Proverbial point of no return (7)

— — — — — — —

4 Fork-tailed bird of summer (7)

— — — — — — —

5 Fame gained from misdeeds (9)

— — — — — — — — —

A	A	A	B	C	C	E	E
I	I	L	L	N	N	O	O
O	O	O	R	R	R	S	T
T	U	U	W	W	X	Y	Z

The Times Quintagrams

5

1 Family (3)

_ _ _

2 Firmly built (5)

_ _ _ _ _

3 Highly poisonous plant (7)

_ _ _ _ _ _

4 Distinct form of a language (7)

_ _ _ _ _ _ _

5 Scottish mountain range (10)

_ _ _ _ _ _ _ _ _ _

A	A	C	C	C	D	D	E
E	G	H	I	I	I	I	K
K	L	L	L	M	M	N	N
O	O	O	R	R	S	S	T

6

1 Summit, pinnacle (4)

_ _ _ _

2 Nightclub (5)

_ _ _ _ _

3 Reprimand, scold (7)

_ _ _ _ _ _ _

4 Northern European nation (7)

_ _ _ _ _ _ _

5 Ministerial exchange of posts (9)

_ _ _ _ _ _ _ _ _

A	A	A	C	C	D	D	E
E	E	E	F	F	F	H	H
I	I	K	L	L	N	N	N
O	P	R	S	S	S	T	U

7

1 Greek counterpart of Cupid (4)

— — — —

2 Perhaps (5)

— — — — —

3 Mixture of beer and lemonade (6)

— — — — — —

4 Courteous, respectable (7)

— — — — — — —

5 Artist associated with ballet (5,5)

— — — — — — — — — —

A	A	A	A	B	D	D	D
E	E	E	E	E	E	E	G
G	G	H	L	M	N	N	O
R	R	S	S	S	T	Y	Y

8

1 Powerful chesspiece (5)

— — — — —

2 Device for controlling flow (5)

— — — — —

3 Come to rest (6)

— — — — — —

4 Winter hazard for motorists (5,3)

— — — — — — — —

5 Brontë novel (4,4)

— — — — — — — —

A	A	A	B	C	C	E	E
E	E	E	E	E	E	E	I
J	K	L	L	L	N	N	Q
R	S	T	T	U	V	V	Y

9

1 Police officer (3)

— — —

2 Shabby, tatty (6)

— — — — — —

3 Source (6)

— — — — — —

4 Priestly garment (7)

— — — — — — —

5 England's largest lake (10)

— — — — — — — — — —

A	A	C	C	C	D	D	E
E	E	E	G	G	G	I	I
I	K	M	N	N	O	O	O
P	R	R	R	R	S	S	W

10

1 Defensive structure (4)

— — — —

2 Noble gas (5)

— — — — —

3 Bone of the arm (6)

— — — — — —

4 Of enduring significance (8)

— — — — — — — —

5 Adorn with decorative touches (9)

— — — — — — — — —

A	B	C	D	E	E	E	F
H	H	I	I	I	I	L	L
M	N	N	O	O	O	R	R
R	S	S	S	T	T	U	X

11

1 Wisecrack (4)

_ _ _ _

2 Style of jazz music (5)

_ _ _ _ _

3 Tame, submissive (6)

_ _ _ _ _ _

4 Permission (7)

_ _ _ _ _ _ _

5 Elusive British mammal (4,6)

_ _ _ _ _ _ _ _ _ _

A	B	B	C	C	D	E	E
E	E	E	I	I	I	L	M
N	N	N	N	O	O	O	P
P	P	Q	R	S	T	T	U

12

1 Garden mollusc (4)

_ _ _ _

2 Former students (6)

_ _ _ _ _ _

3 Flee (6)

_ _ _ _ _ _

4 Vegetable in saag curries (7)

_ _ _ _ _ _ _

5 Multi-discipline athletics event (9)

_ _ _ _ _ _ _ _ _

A	A	A	A	C	C	C	D
E	E	E	G	H	H	I	I
L	L	L	M	N	N	N	O
P	P	S	S	S	T	U	U

13

1 Resonant metal disc (4)

_ _ _ _

2 Durable, hard-wearing (5)

_ _ _ _ _

3 Vital organ (6)

_ _ _ _ _ _

4 Unit of data storage (8)

_ _ _ _ _ _ _ _

5 Ancient burial site in Suffolk (6,3)

_ _ _ _ _ _ _ _ _

A	B	D	E	E	E	G	G
G	G	H	H	I	K	M	N
N	N	O	O	O	O	O	S
T	T	T	T	U	U	Y	Y

14

1 Spirit made with juniper berries (3)

_ _ _

2 Debonair (5)

_ _ _ _ _

3 Emergency telephone link (7)

_ _ _ _ _ _ _

4 Fine cashmere shawl (8)

_ _ _ _ _ _ _ _

5 Small fast warship (9)

_ _ _ _ _ _ _ _ _

A	A	A	D	E	E	E	E
G	H	H	I	I	I	L	M
N	N	N	O	O	P	R	R
S	S	S	T	T	U	V	Y

15

1 Soft insulating feathers (4)

— — — —

2 Support for an injured limb (5)

— — — — —

3 Surrender (5)

— — — — —

4 Glowing (8)

— — — — — — — —

5 Tudor lord chancellor (6,4)

— — — — — — — — — —

A	D	D	E	E	G	H	I
I	I	L	L	L	M	M	M
N	N	N	O	O	O	O	R
S	S	S	T	U	U	W	Y

16

1 Deep singing voice (4)

— — — —

2 Guildford's county (6)

— — — — — —

3 Related to vision (7)

— — — — — — —

4 Very strange, surreal (7)

— — — — — — —

5 Introductory lines of a play (8)

— — — — — — — —

A	A	A	B	B	C	E	E
E	G	I	I	L	L	O	O
O	P	P	R	R	R	R	R
S	S	S	T	U	U	Y	Z

17

1 Green and luxuriant (4)

_ _ _ _

2 Fleeting (5)

_ _ _ _ _

3 Artist such as Georges Braque (6)

_ _ _ _ _ _

4 Knot-shaped savoury biscuit (7)

_ _ _ _ _ _ _

5 UK government department (4,6)

_ _ _ _ _ _ _ _ _ _

B	B	C	C	E	E	E	E
E	F	F	F	H	H	I	I
I	L	L	M	O	O	P	R
R	S	S	T	T	U	U	Z

18

1 Baptismal bowl (4)

_ _ _ _

2 Therefore (5)

_ _ _ _ _

3 Pressure line on a weather map (6)

_ _ _ _ _ _

4 Stance (7)

_ _ _ _ _ _ _

5 Needlessly complex (10)

_ _ _ _ _ _ _ _ _ _

A	B	C	C	D	E	E	E
E	F	H	I	L	N	N	N
O	O	O	O	O	P	R	R
S	S	T	T	T	U	U	V

19

1 Abrupt in manner (4)

— — — —

2 Magical incantation (5)

— — — — —

3 Rum and lime cocktail (6)

— — — — — —

4 Inane (7)

— — — — — — —

5 Acclaimed boxing biopic (6,4)

— — — — — — — — — —

A	B	C	E	F	G	G	H
I	I	I	J	L	L	L	L
L	M	N	O	O	O	O	P
R	R	S	S	T	T	U	U

20

1 Astonish (5)

— — — — —

2 Long-legged water bird (5)

— — — — —

3 Team's lucky object or figure (6)

— — — — — —

4 Breathe (7)

— — — — — — —

5 Much-loved children's author (5,4)

— — — — — — — — —

A	A	A	A	A	C	D	D
E	E	E	E	H	H	I	L
L	M	M	N	O	O	O	P
R	R	R	R	S	S	T	Z

21

1 Central area (3)

_ _ _

2 Brief daytime sleep (6)

_ _ _ _ _ _

3 Sovereign (7)

_ _ _ _ _ _ _

4 South American capital city (8)

_ _ _ _ _ _ _ _

5 Gigantic (8)

_ _ _ _ _ _ _ _

A	A	A	A	A	A	B	B
C	C	C	H	H	I	I	L
L	L	M	N	N	O	O	O
P	R	R	S	S	S	T	U

22

1 Differ (4)

_ _ _ _

2 Cosmic cloud of dust and gas (6)

_ _ _ _ _ _

3 Abstruse technical language (6)

_ _ _ _ _ _

4 Wide river mouth (7)

_ _ _ _ _ _ _

5 Shakespeare play set in Britain (9)

_ _ _ _ _ _ _ _ _

A	A	A	A	B	B	C	E
E	E	E	G	I	J	L	L
M	N	N	N	O	R	R	R
S	T	U	U	V	Y	Y	Y

23

1 Pottery oven (4)

— — — —

2 Blustery (5)

— — — — —

3 Ancient Roman orator (6)

— — — — — —

4 Excerpt (7)

— — — — — — —

5 One showing a façade of strength (5,5)

— — — — — — — — — —

A	C	C	E	E	E	E	G
G	I	I	I	I	K	L	N
N	O	P	P	P	P	R	R
R	S	S	T	T	T	U	Y

24

1 Thin curl of hair or smoke (4)

— — — —

2 Poisonous (5)

— — — — —

3 Dated, passé (3,3)

— — — — — —

4 Success in competition (7)

— — — — — — —

5 Orchestral instrument (6,4)

— — — — — — — — — —

A	C	C	C	D	E	F	H
H	H	I	I	I	L	N	N
O	O	O	O	P	R	R	R
S	T	T	T	V	W	X	Y

25

1 Number of mythical Muses (4)

— — — —

2 Wide, comprehensive (5)

— — — — —

3 Hong Kong port and peninsula (7)

— — — — — — —

4 Arch for climbing plants (7)

— — — — — — —

5 Sausage dog (9)

— — — — — — — — —

A	A	A	B	C	D	D	D
E	E	G	H	H	I	K	L
L	N	N	N	N	O	O	O
O	O	P	R	R	S	U	W

26

1 Surge in economic growth (4)

— — — —

2 German state, capital Dresden (6)

— — — — — —

3 N American urban scavenger (7)

— — — — — — —

4 Compel adherence to (7)

— — — — — — —

5 Postwar Argentine first lady (3,5)

— — — — — — — —

A	A	A	B	C	C	C	E
E	E	E	F	M	N	N	N
N	O	O	O	O	O	O	O
P	R	R	R	S	V	X	Y

27

1 Fury (4)

— — — —

2 Recurring theme or design (5)

— — — — —

3 Dark blue dye (6)

— — — — — —

4 Deserving of blame (8)

— — — — — — — —

5 Dance imitating a bullfight (4,5)

— — — — — — — — —

A	A	A	B	B	C	D	D
E	E	E	F	G	G	I	I
I	L	L	L	M	N	O	O
O	O	P	P	R	S	T	U

28

1 Intelligent use of humour (3)

— — —

2 Obstacle (6)

— — — — — —

3 Rough to the touch (6)

— — — — — —

4 Royal residence near Braemar (8)

— — — — — — — —

5 Long thin type of cigar (9)

— — — — — — — — —

A	A	A	A	A	A	B	C
D	E	E	E	H	I	L	L
L	L	L	M	N	O	O	P
R	R	R	S	T	T	U	W

29

1 Dwell on one's troubles (4)

_ _ _ _

2 Accounting check (5)

_ _ _ _ _

3 Electrical conversion device (6)

_ _ _ _ _ _

4 Given to treating offenders mildly (7)

_ _ _ _ _ _ _

5 Ancient mathematician and mystic (10)

_ _ _ _ _ _ _ _ _ _

A	A	A	A	D	D	E	E
E	G	H	I	I	L	M	M
N	N	N	O	O	O	P	P
R	S	T	T	T	U	Y	Y

30

1 Golf stroke made on the green (4)

_ _ _ _

2 Bout of excessive consumption (5)

_ _ _ _ _

3 Parish priest's assistant (6)

_ _ _ _ _ _

4 Search through busily (7)

_ _ _ _ _ _ _

5 Canadian province (4,6)

_ _ _ _ _ _ _ _ _ _

A	A	A	A	B	C	C	E
E	E	G	G	I	I	M	M
N	N	O	O	P	R	R	S
T	T	T	T	U	U	U	V

31

1 Fitness centre (3)

— — —

2 Trustworthy (6)

— — — — — —

3 Plucked musical instrument (6)

— — — — — —

4 Attractive scent (7)

— — — — — — —

5 Dinosaur of colossal length (10)

— — — — — — — — — —

C	D	D	E	E	E	E	F
G	H	H	I	I	L	M	M
N	O	O	O	P	P	R	R
S	S	T	T	U	U	Y	Z

32

1 Of immense proportions (4)

— — — —

2 Exertion (6)

— — — — — —

3 Seemly, correct (6)

— — — — — —

4 Bioluminescent beetle (4-4)

— — — — — — — —

5 Novel featuring Captain Ahab (4-4)

— — — — — — — —

A	B	C	D	E	E	F	F
G	I	K	L	M	M	O	O
O	O	O	P	P	R	R	R
R	S	T	T	V	W	W	Y

33

1 Operatic solo (4)

— — — —

2 Doctor (5)

— — — — —

3 Process of atom splitting (7)

— — — — — — —

4 Make trifling objections (7)

— — — — — — —

5 18th-century Scottish thinker (5,4)

— — — — — — — — —

A	A	A	B	B	C	D	D
D	E	E	E	F	H	I	I
I	I	I	I	L	M	M	N
O	Q	R	S	S	U	U	V

34

1 In perfect condition (4)

— — — —

2 Look at enviously (5)

— — — — —

3 Supernatural, mystical (6)

— — — — — —

4 Country led by a monarch (7)

— — — — — — —

5 Fine Indian tea (10)

— — — — — — — — — —

A	C	C	C	D	D	E	E
E	G	G	I	I	I	J	K
L	L	M	M	N	N	N	O
O	O	R	T	T	T	U	V

35

1 Female deer or rabbit (3)

— — —

2 Archaeological site in Jordan (5)

— — — — —

3 Tainted, sullied (6)

— — — — — —

4 Requiring use of the intellect (8)

— — — — — — — —

5 Heavy goods vehicle (10)

— — — — — — — — — —

A	A	A	B	C	D	E	E
E	E	E	E	G	G	I	J
L	M	N	O	P	P	R	R
R	R	R	T	T	U	U	U

36

1 Hunter's lure (4)

— — — —

2 Chivalric tournament (5)

— — — — —

3 Proceeding without difficulty (6)

— — — — — —

4 Bedtime garment (7)

— — — — — — —

5 Mountain in the Pennine Alps (10)

— — — — — — — — — —

A	A	B	E	E	G	H	H
H	I	I	I	J	M	M	N
N	O	O	O	O	R	R	S
S	T	T	T	T	T	U	

37

1 Knowledgeable adviser (4)

— — — —

2 Make haste (5)

— — — — —

3 Decorative glossy layer (6)

— — — — — —

4 Saying (7)

— — — — — — —

5 US "Godfather of Soul" (5,5)

— — — — — — — — — —

A	B	B	E	E	E	E	E
G	H	J	M	N	N	O	O
P	R	R	R	R	R	R	
S	U	U	U	V	V	W	Y

38

1 Affectionate (4)

— — — —

2 Short cheerful song (5)

— — — — —

3 Defeat through cunning (6)

— — — — — —

4 Memento (8)

— — — — — — — —

5 Senior academic (9)

— — — — — — — — —

A	D	D	E	E	E	E	F
F	F	I	K	K	N	O	O
O	O	O	P	P	R	R	S
S	S	T	T	T	U	X	Y

39

1 Actor devoid of subtlety (3)

— — —

2 Blunt weapon (6)

— — — — — —

3 Early spring flower (6)

— — — — — —

4 Visual display unit (7)

— — — — — — —

5 Give up (property or rights) (10)

— — — — — — — — — —

A	C	C	C	D	E	E	G
H	H	I	I	I	L	L	M
M	N	N	O	O	O	Q	R
R	R	S	S	T	U	U	U

40

1 Words (4)

— — — —

2 Rambling speech (6)

— — — — — —

3 Having a calm disposition (6)

— — — — — —

4 Reprimand severely (7)

— — — — — — —

5 National park in Wales (9)

— — — — — — — — —

A	A	A	A	A	B	C	D
D	E	E	F	F	I	I	L
L	L	M	N	N	O	O	P
S	S	T	T	T	W	W	X

41

1 Coarse fibre for sacking and rope (4)

_ _ _ _

2 Hirsute (5)

_ _ _ _ _

3 Basic unit of temperature (6)

_ _ _ _ _ _

4 Event of peripheral importance (8)

_ _ _ _ _ _ _ _

5 Campaign of unjust accusation (5-4)

_ _ _ _ _ _ _ _ _

A	C	D	E	E	E	H	H
H	H	I	I	I	I	J	K
L	N	N	O	R	S	S	T
T	T	U	U	V	W	W	Y

42

1 Neighbour of Niger and Sudan (4)

_ _ _ _

2 Month begun by St David's Day (5)

_ _ _ _ _

3 Insect with abdominal pincers (6)

_ _ _ _ _ _

4 Meticulous, painstaking (8)

_ _ _ _ _ _ _ _

5 Item of dining room furniture (9)

_ _ _ _ _ _ _ _ _

A	A	A	A	B	C	C	D
D	D	E	E	G	G	H	H
H	H	I	I	M	O	O	O
R	R	R	R	S	T	U	W

43

1 Unit of 4,840 square yards (4)

— — — —

2 Disorientated and off balance (5)

— — — — —

3 Scientific study of animals (7)

— — — — — — —

4 Confidential (7)

— — — — — — —

5 Plant of the genus Helianthus (9)

— — — — — — — — —

A	A	C	D	E	E	E	F
G	I	I	L	L	N	O	O
O	O	P	R	R	R	S	T
U	V	W	Y	Y	Z	Z	Z

44

1 At this moment (3)

— — —

2 English city on the River Aire (5)

— — — — —

3 Gather, accumulate (7)

— — — — — — —

4 Disciple (7)

— — — — — — —

5 Dublin-born writer and wit (5,5)

— — — — — — — — — —

A	A	C	C	C	D	D	E
E	E	E	E	I	L	L	L
L	L	N	O	O	O	O	P
R	S	S	S	T	T	W	W

45

1 Spirit of Arabian myth (5)

— — — — —

2 Late summer star sign (5)

— — — — —

3 Dense rainforest (6)

— — — — — —

4 Certain, clear cut (8)

— — — — — — — —

5 Popular French dish (3,2,3)

— — — — — — — —

A	C	D	E	E	E	E	E
F	G	G	G	I	I	I	I
I	J	L	N	N	N	N	O
O	Q	R	T	U	U	V	V

46

1 Money owing (4)

— — — —

2 Completely (5)

— — — — —

3 Irrational fear (6)

— — — — — —

4 Good-natured dog breed (8)

— — — — — — — —

5 Person with scant knowledge (9)

— — — — — — — — —

A	A	A	A	B	B	B	D
D	E	F	G	H	I	I	L
L	L	M	N	O	O	O	P
R	R	R	S	T	U	U	Y

47

1 Cue sport (4)

— — — —

2 South Asian language (5)

— — — — —

3 Bearlike (6)

— — — — — —

4 Obtain, acquire (7)

— — — — — — —

5 Shade of greenish blue (10)

— — — — — — — — — —

A	A	A	C	D	E	E	E
H	I	I	I	I	L	M	N
N	N	O	O	O	P	P	Q
R	R	R	R	S	U	U	U

48

1 Arduous work (4)

— — — —

2 Waste material (5)

— — — — —

3 Element used in antiseptics (6)

— — — — — —

4 Optimistic (7)

— — — — — — —

5 Body of water near Glasgow (4,6)

— — — — — — — — — —

A	C	C	D	D	E	E	F
H	H	I	I	I	L	L	L
L	M	N	N	O	O	O	O
O	O	P	P	R	S	T	U

49

1 Respiratory organ (4)

— — — —

2 Traditional stew (6)

— — — — — —

3 Objective (6)

— — — — — —

4 Sleep, doze (6)

— — — — — —

5 Fleet-footed N American bird (10)

— — — — — — — — — —

A	A	D	E	E	E	G	G
H	L	N	N	N	N	O	O
O	O	O	P	R	R	R	R
S	T	T	T	U	U	Z	

50

1 Uncontrolled slide (4)

— — — —

2 Small clod of uprooted turf (5)

— — — — —

3 Impenetrable to light (6)

— — — — — —

4 Beauty treatment (8)

— — — — — — — —

5 Second president of the USA (4,5)

— — — — — — — —

A	A	A	A	C	D	D	D
E	E	H	I	I	I	J	K
M	M	N	N	O	O	O	P
Q	R	S	S	T	U	U	V

51

1 Front part of a ship (3)

— — —

2 Painting on a plastered wall (6)

— — — — — —

3 Argue (7)

— — — — — — —

4 Nice, agreeable (8)

— — — — — — — —

5 Light-hearted musical work (8)

— — — — — — — —

A	A	A	A	B	C	E	E
E	E	E	F	L	L	N	O
O	O	P	P	Q	R	R	R
R	S	S	T	T	T	U	W

52

1 Widespread, prevalent (4)

— — — —

2 Mooring platform (5)

— — — — —

3 Team spirit (6)

— — — — — —

4 Caligula's imperial successor (8)

— — — — — — — —

5 Trivial, unimportant (9)

— — — — — — — — —

A	A	C	D	E	E	E	F
F	I	I	I	J	L	L	L
M	O	O	O	R	R	R	S
S	T	T	U	U	U	V	Y

53

1 Bravery, nerve (4)

_ _ _ _

2 Religious devotion (5)

_ _ _ _ _

3 Strongly flavoured sweet spirit (7)

_ _ _ _ _ _ _

4 Overpower, vanquish (7)

_ _ _ _ _ _ _

5 Crab, spider or beetle, eg (9)

_ _ _ _ _ _ _ _ _

A	C	D	E	E	E	G	H
I	I	L	N	O	O	O	P
P	Q	Q	R	R	R	R	S
T	T	T	U	U	U	U	Y

54

1 Chinese dynasty, 1368-1644 (4)

_ _ _ _

2 Administrative worker (5)

_ _ _ _ _

3 Savoury flan made with eggs (6)

_ _ _ _ _ _

4 Remote, barren (8)

_ _ _ _ _ _ _ _

5 Possibility raised speculatively (3,6)

_ _ _ _ _ _ _ _

A	A	C	C	C	C	D	E
E	E	E	E	F	F	G	H
H	I	I	K	L	L	M	N
N	O	O	Q	R	S	T	U

55

1 Prestigious US university (4)

_ _ _ _

2 Backhander (5)

_ _ _ _ _

3 Elflike creature of folklore (6)

_ _ _ _ _ _

4 Own (7)

_ _ _ _ _ _ _

5 Method of gauging acidity (6,4)

_ _ _ _ _ _ _ _ _ _

A	B	B	E	E	E	E
I	I	I	L	L	M	O	P
P	R	R	S	S	S	S	S
S	S	T	T	T	U	Y

56

1 Limbless invertebrate (4)

_ _ _ _

2 Basic poetic device (5)

_ _ _ _ _

3 Draw absent-mindedly (6)

_ _ _ _ _ _

4 Guilty party (7)

_ _ _ _ _ _ _

5 Hungarian pianist-composer (5,5)

_ _ _ _ _ _ _ _ _ _

A	C	D	D	E	E	F	H
I	I	L	L	L	M	M	N
O	O	O	P	R	R	R	R
S	T	T	U	W	Y	Z	Z

57

1 Power cable (4)

_ _ _ _

2 Accumulated knowledge (6)

_ _ _ _ _ _

3 Smooth soft fabric (6)

_ _ _ _ _ _

4 Highly accomplished (8)

_ _ _ _ _ _ _ _

5 Business with no competitors (8)

_ _ _ _ _ _ _ _

A	D	E	E	E	E	F	I
L	L	L	L	M	M	M	N
O	O	O	O	P	R	S	S
T	T	V	V	W	X	Y	Y

58

1 Absence, paucity (4)

_ _ _ _

2 Schoolchild (5)

_ _ _ _ _

3 Decorative drinking vessel (6)

_ _ _ _ _ _

4 Be warned! (4,3)

_ _ _ _ _ _ _

5 UK's largest lake by area (5,5)

_ _ _ _ _ _ _ _ _ _

A	A	B	C	E	E	G	G
G	H	H	I	K	K	L	L
L	L	L	N	O	O	O	O
O	P	P	T	T	U	U	U

59

1 Excessively lenient or casual (3)

— — —

2 Capital city of Ecuador (5)

— — — — —

3 Novelty feature (7)

— — — — — — —

4 Monumental standing stone (8)

— — — — — — — —

5 Baffling problem (9)

— — — — — — — — —

A	A	C	C	D	E	G	G
H	I	I	I	I	K	L	L
M	M	M	M	N	N	O	O
Q	R	T	T	U	U	U	X

60

1 Small stream (5)

— — — — —

2 Lay eggs in water (5)

— — — — —

3 Norseman (6)

— — — — — —

4 Aristocratic woman (7)

— — — — — — —

5 Evening of a working day? (9)

— — — — — — — — —

A	B	C	D	E	E	E	G
G	H	H	I	I	I	K	K
K	N	N	N	O	O	P	R
S	S	S	T	U	V	W	W

61

1 Weighty book (4)

_ _ _ _

2 Legume used to make tofu (4)

_ _ _ _

3 Finger joint (7)

_ _ _ _ _ _ _

4 Meeting for conveying details (8)

_ _ _ _ _ _ _ _

5 Author born Samuel Clemens (4,5)

_ _ _ _ _ _ _ _ _

A	A	A	B	C	E	E	E
F	G	I	I	I	K	K	K
L	M	M	N	N	N	O	O
R	R	S	T	T	U	W	Y

62

1 Raincoat (3)

_ _ _

2 Recluse, anchorite (6)

_ _ _ _ _ _

3 Mix up a deck of cards (7)

_ _ _ _ _ _ _

4 Folk violinist (7)

_ _ _ _ _ _ _

5 Garden tree bearing tart fruit (4,5)

_ _ _ _ _ _ _ _ _

A	A	A	B	C	C	D	D
E	E	E	E	F	F	F	H
H	I	I	L	L	L	M	M
P	P	R	R	R	S	T	U

63

1 Gesture of greeting or farewell (4)

— — — —

2 Definitive evidence (5)

— — — — —

3 Cinematic genre (6)

— — — — — —

4 Medical treatment (7)

— — — — — — —

5 Delayed tremor (10)

— — — — — — — — — —

A	A	A	C	E	E	E	F
F	H	H	H	K	O	O	O
O	O	P	P	R	R	R	R
R	R	S	T	T	V	W	Y

64

1 Casserole (4)

— — — —

2 Raise one's voice (5)

— — — — —

3 Seat of power (6)

— — — — — —

4 Furtive, surreptitious (8)

— — — — — — — —

5 Include, surround (9)

— — — — — — — — —

A	A	C	E	E	E	E	H
H	H	L	M	N	N	O	O
O	P	R	S	S	S	S	S
T	T	T	T	T	U	W	Y

65

1 Mathematical reference line (4)

— — — —

2 Caruso or Pavarotti, eg (5)

— — — — —

3 Formal item of clothing (3,3)

— — — — — —

4 Opportunity (7)

— — — — — — —

5 Old issue available for order (4,6)

— — — — — — — — — —

A	A	B	B	B	C	E	E
E	E	G	I	I	I	K	M
N	N	N	N	O	O	O	P
R	R	S	T	T	U	W	X

66

1 Dance music style (4)

— — — —

2 Forest (5)

— — — — —

3 Act as a go-between (7)

— — — — — — —

4 Odd, unusual (7)

— — — — — — —

5 Respected male politician (9)

— — — — — — — — —

A	A	A	A	D	D	E	E
E	E	F	G	I	K	M	M
N	N	N	O	O	R	S	S
S	S	T	T	T	T	U	W

67

1 Levy, duty (3)

_ _ _

2 Medieval club-like weapon (4)

_ _ _ _

3 Athletics field event (7)

_ _ _ _ _ _ _

4 Common weed (9)

_ _ _ _ _ _ _ _ _

5 Settle a dispute decisively (4,2,3)

_ _ _ _ _ _ _ _

A	A	A	A	A	C	D	D
E	E	E	E	H	I	I	I
J	L	L	M	N	N	N	O
O	T	T	T	U	V	V	X

68

1 Of a reddish or pink hue (4)

_ _ _ _

2 Cube of two (5)

_ _ _ _ _

3 Ursine children's TV character (5)

_ _ _ _ _

4 Easily made snack (8)

_ _ _ _ _ _ _ _

5 *Turn! Turn! Turn!* folk singer (4,6)

_ _ _ _ _ _ _ _ _ _

A	C	D	E	E	E	E	E
E	G	G	H	H	I	I	N
O	O	O	P	R	R	S	S
S	S	T	T	T	W	Y	Y

69

1 Blonde-brown hair colour (5)

_ _ _ _ _

2 Single-room dwelling (6)

_ _ _ _ _ _

3 Make paler or brighter (7)

_ _ _ _ _ _ _

4 Soaring bird of prey (7)

_ _ _ _ _ _ _

5 Social insect nest (7)

_ _ _ _ _ _ _

A	A	A	B	B	D	D	D
E	E	G	H	H	I	I	I
L	L	L	N	N	N	R	S
S	T	T	T	U	Y	Z	Z

70

1 Loosen (a knot) (4)

_ _ _ _

2 Audience's cry for more (6)

_ _ _ _ _ _

3 Art of paper folding (7)

_ _ _ _ _ _ _

4 Romantic canal boat (7)

_ _ _ _ _ _ _

5 Supplementary piece of text (8)

_ _ _ _ _ _ _ _

A	A	C	D	D	E	E	E
F	G	G	I	I	L	M	N
N	N	N	O	O	O	O	O
O	O	O	R	R	T	T	U

71

1 Scientific workplace (3)

— — —

2 Campanologist's instrument (4)

— — — —

3 Plumlike fruit (6)

— — — — — —

4 Showing no compassion (9)

— — — — — — — — —

5 Wheeled device ridden upright (10)

— — — — — — — — — —

A	A	A	A	B	B	B	C
D	D	E	E	E	E	I	K
L	L	L	L	M	M	N	O
O	R	R	S	S	S	S	T

72

1 Mountain lake (4)

— — — —

2 Bizarre, surreal (5)

— — — — —

3 Public speaker (6)

— — — — — —

4 Tightrope (4,4)

— — — — — — — —

5 Sly, devious (9)

— — — — — — — — —

A	A	A	D	D	D	E	E
E	G	H	H	H	I	I	I
N	N	N	O	O	R	R	R
R	R	R	T	T	U	W	W

73

1 Seek (a sweetheart's) affection (3)

_ _ _

2 Number of deadly sins (5)

_ _ _ _ _

3 Permit (7)

_ _ _ _ _ _ _

4 Distilled juice of the agave plant (7)

_ _ _ _ _ _ _

5 Author of *Dr No* (3,7)

_ _ _ _ _ _ _ _ _ _

A	A	C	C	E	E	E	E
E	E	F	G	I	I	I	I
L	L	L	M	N	N	N	N
O	O	Q	S	T	U	V	W

74

1 Move sinuously (4)

_ _ _ _

2 Herbert ---, interwar US leader (6)

_ _ _ _ _ _

3 Making a request (6)

_ _ _ _ _ _

4 Savagely fierce (7)

_ _ _ _ _ _ _

5 Ignite (5,4)

_ _ _ _ _ _ _ _ _

A	A	C	C	C	D	E	E
F	G	H	H	I	I	I	I
I	K	N	N	O	O	O	R
R	S	S	T	U	V	V	W

75

1 Mechanical lifting device (4)

_ _ _ _

2 Substance, content (6)

_ _ _ _ _ _

3 Consistent, steady (6)

_ _ _ _ _ _

4 Weighted bar for exercise (8)

_ _ _ _ _ _ _ _

5 *Light My Fire* rock band (3,5)

_ _ _ _ _ _ _ _

A	A	A	B	B	B	C	D
D	E	E	E	E	H	J	K
L	L	L	M	M	O	O	R
R	S	S	T	T	T	T	U

76

1 Subdivision of a religious group (4)

_ _ _ _

2 Capital city of Belarus (5)

_ _ _ _ _

3 Skyline (7)

_ _ _ _ _ _ _

4 Moderately affluent (4-2-2)

_ _ _ _ _ _ _ _

5 Sporting interval (4-4)

_ _ _ _ _ _ _ _

A	C	D	E	E	E	F	H
H	I	I	I	K	L	L	L
M	M	N	N	O	O	O	O
R	S	S	T	T	W	Z	

77

1 Wistfully yearn (for) (4)

_ _ _ _

2 Smart, dapper (6)

_ _ _ _ _ _

3 Mediterranean island (6)

_ _ _ _ _ _

4 Small barrel of beer (6)

_ _ _ _ _ _

5 Isle of Wight rock formation (3,7)

_ _ _ _ _ _ _ _ _ _

C	C	D	E	E	E	E
E	F	H	I	I	I	K	L
N	N	N	P	P	P	R	R
R	S	S	S	T	U	U	Y

78

1 Fearless (4)

_ _ _ _

2 Judicial arena (5)

_ _ _ _ _

3 Become used up (3,3)

_ _ _ _ _ _

4 At a loss, perplexed (7)

_ _ _ _ _ _ _

5 Digit (10)

_ _ _ _ _ _ _ _ _ _

B	C	D	D	E	E	E	F
F	G	I	L	M	N	N	O
O	O	O	P	R	R	R	R
S	T	T	T	U	U	U	U

79

1 Sharp intake of breath (4)

— — — —

2 Fencing weapon (4)

— — — —

3 Echo (6)

— — — — — —

4 Political alliance (9)

— — — — — — — — —

5 Creamy pasta sauce (9)

— — — — — — — — —

A	A	A	A	A	A	B	C
C	E	E	F	G	I	I	I
L	L	N	N	O	O	O	O
P	P	R	R	R	S	T	T

80

1 Candid, unreserved (4)

— — — —

2 Set of four played cards (bridge) (5)

— — — — —

3 Northwestern US state (6)

— — — — — —

4 Formal academic work (8)

— — — — — — — —

5 Entranced, captivated (9)

— — — — — — — — —

A	B	C	C	D	E	E	E
E	E	E	G	H	I	I	I
K	N	N	O	O	O	P	R
R	R	S	T	T	T	T	W

81

1 Salver (4)

— — — —

2 Become smaller (6)

— — — — — —

3 Affectedly tacky (6)

— — — — — —

4 Former Soviet state (7)

— — — — — — —

5 Celebrated football manager (3,6)

— — — — — — — — —

A	A	A	A	C	D	E	F
H	H	I	I	K	K	L	L
M	M	N	O	O	R	R	R
S	S	S	T	T	V	Y	Y

82

1 Sharp twist in a hosepipe, eg (4)

— — — —

2 Pungent animal (5)

— — — — —

3 Division of a polo match (6)

— — — — — —

4 Dickens title character (8)

— — — — — — — —

5 Mountain range including K2 (9)

— — — — — — — — —

A	A	A	A	C	C	C	H
I	I	I	K	K	K	K	K
K	K	K	K	K	M	N	N
O	P	R	R	S	U	U	W

83

1 Little bit of bread (5)

— — — — —

2 Goat cheese (6)

— — — — — —

3 Cowardly colour? (6)

— — — — — —

4 Bone also called the malleus (6)

— — — — — —

5 Musical get-together (9)

— — — — — — — — —

A	A	B	C	C	E	E	E
E	G	G	H	H	I	L	L
L	M	M	M	N	N	O	O
R	R	R	S	U	V	W	Y

84

1 Dilate (one's nostrils) (5)

— — — — —

2 Native of a European capital (5)

— — — — —

3 Tealight, eg (6)

— — — — — —

4 Unreliable car (6)

— — — — — —

5 British transport engineer (10)

— — — — — — — — — —

A	A	A	A	B	C	D	E
E	E	E	E	F	G	H	L
L	M	N	N	N	N	N	O
O	P	R	R	R	S	S	T

85

1 Dismiss, sack (4)

_ _ _ _

2 Imperial unit of weight (5)

_ _ _ _ _

3 Royal title (6)

_ _ _ _ _ _

4 Mythical bird (7)

_ _ _ _ _ _ _

5 Potter (10)

_ _ _ _ _ _ _ _ _ _

A	C	C	C	E	E	E	E
E	F	H	I	I	I	I	I
M	N	N	N	O	O	P	P
R	R	R	S	S	T	T	X

86

1 Roman god of war (4)

_ _ _ _

2 Spin around (5)

_ _ _ _ _

3 William Bligh's ship (6)

_ _ _ _ _ _

4 Antarctic creature (7)

_ _ _ _ _ _ _

5 "Little black dress" designer (4,6)

_ _ _ _ _ _ _ _ _ _

A	A	B	C	C	C	E	E
G	H	I	I	L	L	M	N
N	N	N	O	O	O	P	R
R	S	T	T	U	U	W	Y

Concise Puzzles

87

1 Diving position (4)

— — — —

2 A great deal, lots (4)

— — — —

3 Shade of red (7)

— — — — — — —

4 Deceive, trick (8)

— — — — — — — —

5 Jollity (9)

— — — — — — — — —

A	C	C	C	D	E	E	E
H	H	I	I	K	K	L	M
M	M	N	N	O	O	R	R
R	S	T	T	T	U	U	W

88

1 Painful muscle spasm (5)

— — — — —

2 County town of East Sussex (5)

— — — — —

3 State of insensibility (6)

— — — — — —

4 Climb awkwardly (7)

— — — — — — —

5 Livestock enclosure (9)

— — — — — — — — —

A	A	B	C	C	D	E	E
E	E	E	F	H	L	L	L
M	M	O	O	P	P	P	R
R	R	S	S	S	T	U	W

89

1 Drinking establishment (3)

— — —

2 Scaredy-cat (6)

— — — — — —

3 Arms of a garment (7)

— — — — — — —

4 Example of excellence (7)

— — — — — — —

5 Imitative architectural style (4-5)

— — — — — — — — —

A	A	A	A	B	C	C	D
D	E	E	E	G	K	L	M
N	O	O	O	O	P	R	R
R	R	S	S	T	U	V	W

90

1 Nautical unit of speed (4)

— — — —

2 Sound of a dry object moving (6)

— — — — — —

3 European language (6)

— — — — — —

4 Chief servant of a household (6)

— — — — — —

5 Poacher's adversary? (10)

— — — — — — — — — —

A	B	C	E	E	E	E	E
E	E	F	G	H	K	K	L
L	M	N	N	O	P	R	R
R	R	S	T	T	T	U	U

91

1 Living space (4)

_ _ _ _

2 Commerce (5)

_ _ _ _ _

3 Not anybody (2,3)

_ _ _ _ _

4 National park of SW England (8)

_ _ _ _ _ _ _ _

5 Word unchanged if reversed (10)

_ _ _ _ _ _ _ _ _ _

A	A	A	D	D	D	E	E
E	I	L	M	M	M	N	N
N	O	O	O	O	O	O	O
P	R	R	R	R	R	T	T

92

1 The heavens (3)

_ _ _

2 Extremist (5)

_ _ _ _ _

3 Concerning the sea (6)

_ _ _ _ _ _

4 Precious gemstone (8)

_ _ _ _ _ _ _ _

5 Influential jazz trumpeter (5,5)

_ _ _ _ _ _ _ _ _ _

A	A	A	A	D	E	E	E
H	I	I	I	I	K	L	L
M	M	N	P	P	R	R	R
S	S	S	S	T	U	V	Y

93

1 Saturate (4)

_ _ _ _

2 Unpleasantly sticky fluid (5)

_ _ _ _ _

3 Cocksure (5)

_ _ _ _ _

4 Provide too much to cope with (9)

_ _ _ _ _ _ _ _ _

5 Bole (4,5)

_ _ _ _ _ _ _ _ _

A	A	B	E	E	E	E	E
H	H	I	K	K	L	L	M
M	N	O	O	R	R	R	R
S	S	S	T	T	U	V	W

94

1 Coastal landform (5)

_ _ _ _ _

2 System of burrows (6)

_ _ _ _ _ _

3 Winner (6)

_ _ _ _ _ _

4 William the Conqueror, eg (6)

_ _ _ _ _ _

5 Loyal assistant (after Defoe) (3,6)

_ _ _ _ _ _ _ _ _

A	A	A	A	C	C	D	E
F	F	F	I	I	I	L	M
M	N	N	N	N	O	O	R
R	R	R	R	T	V	W	Y

95

1 Comprehensive guide (1,2,1)

— — — —

2 Spade (6)

— — — — — —

3 Epitome, proverbial example (6)

— — — — — —

4 Makeshift solution (5,3)

— — — — — — — —

5 Athletics event (4,4)

— — — — — — — —

A	B	C	D	E	F	G	H
I	I	J	K	L	L	M	N
O	O	O	O	P	Q	R	S
T	U	U	V	W	X	Y	Z

96

1 Senior cleric (6)

— — — — — —

2 Recreational wayfarer (6)

— — — — — —

3 Shout resonantly (6)

— — — — — —

4 Hen less than one year old (6)

— — — — — —

5 Unexpected happening (8)

— — — — — — — —

A	B	B	E	E	E	E	H
I	I	K	L	L	L	L	L
O	O	P	P	P	R	R	R
S	S	S	T	U	U	W	W

97

1 Shade of greenish-blue (4)

— — — —

2 Rosy-cheeked (5)

— — — — —

3 Fastest-ever steam locomotive (7)

— — — — — — —

4 Spoken form of Chinese (8)

— — — — — — — —

5 Charlatanism (8)

— — — — — — — —

A	A	A	A	A	A	C	D
D	D	D	E	E	I	K	L
L	L	M	M	N	N	Q	R
R	R	R	T	U	U	Y	Y

98

1 Madcap (4)

— — — —

2 Bad smell (5)

— — — — —

3 Dangerous African snake (5)

— — — — —

4 To know by sight (9)

— — — — — — — — —

5 Romantic poet (4,5)

— — — — — — — — —

A	A	A	B	B	C	D	E
E	G	I	I	K	L	M	M
N	N	N	N	O	O	O	R
R	R	S	S	T	Y	Y	Z

99

1 Strike (3)

— — —

2 Having skin between the toes (6)

— — — — — —

3 Small axe (7)

— — — — — — —

4 German castle and POW camp (7)

— — — — — — —

5 Prelude to a rocket launch (9)

— — — — — — — — —

A	B	B	C	C	C	D	D
D	E	E	E	H	H	H	I
I	L	N	N	O	O	O	T
T	T	T	T	U	W	W	Z

100

1 Wedding attendant (5)

— — — — —

2 Commotion (6)

— — — — — —

3 Maiden (6)

— — — — — —

4 Number such as first or third (7)

— — — — — — —

5 Regular occupant (8)

— — — — — — — —

A	A	D	D	D	E	E	E
E	H	I	I	L	L	M	M
N	N	O	P	R	R	R	R
S	S	S	S	T	U	U	U

101

1 University accommodation (5)

_ _ _ _ _

2 Riches (6)

_ _ _ _ _ _

3 Go to (6)

_ _ _ _ _ _

4 Suffer under intense heat (7)

_ _ _ _ _ _ _

5 Napoleonic island of exile (2,6)

_ _ _ _ _ _ _ _

A	A	A	A	D	E	E	E
E	E	E	H	H	H	L	L
L	L	L	N	N	R	S	S
S	T	T	T	T	T	W	W

102

1 Neither good nor bad (2-2)

_ _ _ _

2 Exuberant dance (6)

_ _ _ _ _ _

3 Decorative ball of fabric (3-3)

_ _ _ _ _ _

4 Madagascan primate (3-3)

_ _ _ _ _ _

5 Involuntary second look (6,4)

_ _ _ _ _ _ _ _ _ _

A	A	A	A	A	B	C	C
D	E	E	E	E	K	L	M
M	N	N	O	O	O	O	O
P	P	S	S	T	U	Y	Y

103

1 Month (3)

_ _ _

2 Minister junior to a priest (6)

_ _ _ _ _ _

3 Modify to suit requirements (6)

_ _ _ _ _ _

4 Quicksilver (7)

_ _ _ _ _ _ _

5 Australian state (10)

_ _ _ _ _ _ _ _ _ _

A	A	A	A	C	C	D	D
E	E	E	E	I	L	L	M
M	N	N	N	O	O	Q	R
R	R	S	T	U	U	Y	Y

104

1 Prepare food (4)

_ _ _ _

2 Trial television show (5)

_ _ _ _ _

3 Low-value coin (6)

_ _ _ _ _ _

4 Bring about through ingenuity (8)

_ _ _ _ _ _ _ _

5 Late technology mogul (5,4)

_ _ _ _ _ _ _ _ _

B	C	C	E	E	E	E	E
E	G	I	I	J	K	L	N
N	O	O	O	O	O	P	P
P	R	R	S	S	T	T	V

105

1 Young farm animal (4)

_ _ _ _

2 University courtyard (4)

_ _ _ _

3 Half a circle's diameter (6)

_ _ _ _ _ _

4 Amusing (8)

_ _ _ _ _ _ _ _

5 Large financial outlay (3,3,1,3)

_ _ _ _ _ _ _ _ _ _

A	A	A	A	A	A	C	D
D	D	E	F	G	H	I	L
L	M	M	N	O	O	Q	R
R	R	S	S	U	U	U	U

106

1 Caledonian (4)

_ _ _ _

2 Intelligence (6)

_ _ _ _ _ _

3 Dorothy ---, US writer and wit (6)

_ _ _ _ _ _

4 Wife of Odysseus (8)

_ _ _ _ _ _ _ _

5 Wonderful (8)

_ _ _ _ _ _ _ _

A	A	A	B	B	C	E	E
E	E	F	I	K	L	L	N
N	O	O	O	P	P	P	R
R	R	S	S	S	T	U	U

107

1 Jason's ship in Greek myth (4)

— — — —

2 Avian subject of a work by Poe (5)

— — — — —

3 Garden area for alpine plants (7)

— — — — — — —

4 Benign (8)

— — — — — — — —

5 Part of a coastal resort (8)

— — — — — — — —

A	A	A	A	C	E	E	E
E	F	G	H	K	L	M	N
N	O	O	O	R	R	R	R
R	R	S	S	S	T	V	Y

108

1 Remainder (4)

— — — —

2 Relative of scorpions and mites (6)

— — — — — —

3 Surreptitiously take and keep (6)

— — — — — —

4 Horticultural container (5,3)

— — — — — — — —

5 *The ---*, Arthur Miller play (8)

— — — — — — — —

A	B	C	C	C	D	E	E
E	E	I	I	K	L	L	N
O	O	P	P	P	P	R	R
R	S	S	T	T	T	T	U

109

1 One of the arts (5)

_ _ _ _ _

2 Beneath (5)

_ _ _ _ _

3 Opulent, lavish (5)

_ _ _ _ _

4 Wet weather device (8)

_ _ _ _ _ _ _ _

5 Endure, survive (9)

_ _ _ _ _ _ _ _ _

A	A	A	B	C	D	D	D
E	E	G	H	I	I	L	L
M	M	N	N	N	R	R	R
S	S	T	T	U	U	U	W

110

1 Engrossed (4)

_ _ _ _

2 Military subdivision (5)

_ _ _ _ _

3 State of lethargy (6)

_ _ _ _ _ _

4 Mutual understanding (7)

_ _ _ _ _ _ _

5 Innovative US artist (4,6)

_ _ _ _ _ _ _ _ _ _

A	A	A	A	D	H	L	N
O	O	O	O	O	O	P	P
P	P	P	R	R	R	R	R
R	R	T	T	T	T	W	Y

111

1 Ecofriendly (5)

_ _ _ _ _

2 --- Clerk Maxwell, physicist (5)

_ _ _ _ _

3 Sailor (6)

_ _ _ _ _ _

4 Romantic gift (7)

_ _ _ _ _ _ _

5 Chart-topper (6,3)

_ _ _ _ _ _ _ _ _

A	A	A	B	E	E	E
E	E	E	F	G	J	L	M
M	M	N	N	N	N	O	O
R	R	R	S	S	S	U	W

112

1 Tea container (5)

_ _ _ _ _

2 Tropical lizard (5)

_ _ _ _ _

3 Skirtlike garment (6)

_ _ _ _ _ _

4 Checked cotton fabric (7)

_ _ _ _ _ _ _

5 Vast mountain range (9)

_ _ _ _ _ _ _ _ _

A	A	A	A	A	A	C	C
D	D	E	G	G	G	G	H
H	I	I	K	L	M	M	N
N	O	O	R	S	S	Y	Y

113

1 Swimming appendage (3)

— — —

2 Oxbridge sportsperson (4)

— — — —

3 Assassin (6)

— — — — — —

4 Arctic landmass (9)

— — — — — — — — —

5 Fictional US outlaw (5,5)

— — — — — — — — — —

A	A	B	D	E	E	E	E
E	E	F	G	I	I	J	K
L	L	L	L	L	N	N	N
O	R	R	S	S	U	W	Y

114

1 Go to bed (6)

— — — — — —

2 Logo (6)

— — — — — —

3 Item of stationery (6)

— — — — — —

4 Name of six British monarchs (6)

— — — — — —

5 Appear again (2-6)

— — — — — — — —

A	B	E	E	E	E	E	E
E	E	E	E	E	E	G	G
G	I	L	M	M	M	O	R
R	R	R	R	R	R	S	T

115

1 Tree with soft bulbous fruit (3)

— — —

2 Illegally commandeer (6)

— — — — — —

3 Speculated (7)

— — — — — — —

4 Caribbean nation (7)

— — — — — — —

5 Poorly thought through (4-5)

— — — — — — — — —

A	A	A	A	A	A	A	B
B	C	C	D	D	E	E	F
F	G	G	H	H	I	I	I
J	J	K	K	L	L	M	M

116

1 Regulation (4)

— — — —

2 French cheese (4)

— — — —

3 Period of office (6)

— — — — — —

4 Virginia Woolf novel (3,5)

— — — — — — — —

5 18th-century composer (6,4)

— — — — — — — — — —

A	A	A	B	E	E	E	E
E	E	E	H	H	I	L	M
N	N	O	R	R	R	R	S
S	T	T	T	U	U	V	W

117

1 Remain (4)

_ _ _ _

2 Saturate (5)

_ _ _ _ _

3 Fabric shoes for babies (7)

_ _ _ _ _ _ _

4 Run and control a football (7)

_ _ _ _ _ _ _

5 Marginalised area (9)

_ _ _ _ _ _ _ _ _

A	A	A	B	B	B	B	C
D	D	E	E	E	E	E	I
K	L	O	O	O	R	R	S
S	S	T	T	T	U	W	Y

118

1 Machu Picchu's country (4)

_ _ _ _

2 Vibrating musical device (4)

_ _ _ _

3 Road-surfacing mixture (6)

_ _ _ _ _ _

4 Microbes (8)

_ _ _ _ _ _ _ _

5 Lane-sharing traffic system (10)

_ _ _ _ _ _ _ _ _ _

A	A	A	A	A	B	C	C
C	D	E	E	E	E	F	I
L	M	N	O	O	P	R	R
R	R	R	T	T	T	U	W

119

1 Infant (4)

— — — —

2 Unhappily isolated (6)

— — — — — —

3 Victorian colonialist (6)

— — — — — —

4 Bloke, fella (6)

— — — — — —

5 Fictional world of marvels (10)

— — — — — — — — — —

A	A	B	B	D	D	D	E
E	E	E	E	E	G	H	L
L	L	N	N	N	O	O	O
R	R	R	S	W	Y	Y	Z

120

1 Minuscule (4)

— — — —

2 Implore, beg (5)

— — — — —

3 Wry use of language (5)

— — — — —

4 Of the period following birth (8)

— — — — — — — —

5 Simple (10)

— — — — — — — — — —

A	A	A	A	D	E	E	E
E	E	I	I	L	L	L	M
N	N	N	N	N	O	O	P
R	R	T	T	T	Y	Y	Y

121

1 One for whom a dozen is 13? (5)

_ _ _ _ _

2 Quick, swift (5)

_ _ _ _ _

3 Monarch's substitute (6)

_ _ _ _ _ _

4 "City of dreaming spires" (6)

_ _ _ _ _ _

5 Author of *White Fang* (4,6)

_ _ _ _ _ _ _ _ _ _

A	A	B	C	D	D	E	E
E	E	E	F	F	G	J	K
K	L	L	N	N	N	O	O
O	O	R	R	R	T	T	X

122

1 Exotic bird (5)

_ _ _ _ _

2 Site of an 1836 Texan siege (5)

_ _ _ _ _

3 Highland Games projectile (5)

_ _ _ _ _

4 Corrected (7)

_ _ _ _ _ _ _

5 Ancient crisscrossing puzzle (4,6)

_ _ _ _ _ _ _ _ _ _

A	A	A	A	A	A	A	B
C	C	D	D	D	E	E	E
E	L	M	M	M	N	O	O
Q	R	R	R	S	U	W	W

123

1 Cavort (4)

— — — —

2 Mountain summit marker (5)

— — — — —

3 Legendary wizard (6)

— — — — — —

4 Pair of shaken instruments (7)

— — — — — — —

5 Economic system (10)

— — — — — — — — — —

A	A	A	A	A	A	C	C
C	E	I	I	I	I	L	L
M	M	M	M	N	N	O	P
P	R	R	R	R	S	S	T

124

1 In the midst of (5)

— — — — —

2 EU country (6)

— — — — — —

3 Imitative of the genuine article (6)

— — — — — —

4 Not recognised for one's deeds (6)

— — — — — —

5 Seize the day! (5,4)

— — — — — — — — —

A	A	A	C	D	D	E	E
E	E	E	G	G	I	M	M
N	N	N	N	O	P	R	R
S	S	S	T	U	U	W	Z

125

1 Political organisation (5)

_ _ _ _ _

2 Mix of fruit juice and alcohol (5)

_ _ _ _ _

3 Exchange (6)

_ _ _ _ _ _

4 Unsteady (6)

_ _ _ _ _ _

5 Grand chamber in a palace (6,4)

_ _ _ _ _ _ _ _ _ _

A	B	B	C	C	E	H	H
H	I	L	M	N	N	O	O
O	O	P	P	R	R	R	S
T	T	T	U	W	W	Y	Y

126

1 Celebrate, carouse (5)

_ _ _ _ _

2 Control stick (5)

_ _ _ _ _

3 Mildly annoyed (6)

_ _ _ _ _ _

4 Return to a previous state (6)

_ _ _ _ _ _

5 Classic star of *All About Eve* (5,5)

_ _ _ _ _ _ _ _ _ _

A	B	D	D	E	E	E	E
E	E	E	E	E	E	E	I
L	L	P	R	R	R	R	S
T	T	T	V	V.	V	V	V

127

1 Small lustrous sphere (5)

_ _ _ _ _

2 To some extent (6)

_ _ _ _ _ _

3 Historical division of Yorkshire (6)

_ _ _ _ _ _

4 Italian ice cream (6)

_ _ _ _ _ _

5 Arboreal dwelling (9)

_ _ _ _ _ _ _ _ _

A	A	A	D	E	E	E	E
E	G	G	H	I	I	L	L
L	N	O	O	P	P	R	R
R	R	S	T	T	T	U	Y

128

1 Italian city (5)

_ _ _ _ _

2 Aristocratic (6)

_ _ _ _ _ _

3 Secret, disguised (6)

_ _ _ _ _ _

4 Move at breakneck speed (6)

_ _ _ _ _ _

5 Flatfish of culinary value (5,4)

_ _ _ _ _ _ _ _ _

C	D	D	E	E	E	E
H	I	L	L	L	N	O
O	O	R	R	R	S	T
T	T	T	T	U	U	V	V

129

1 Having a dull finish (4)

— — — —

2 Comfort (4)

— — — —

3 Using basic engineering (3-4)

— — — — — —

4 City on the Garonne River (8)

— — — — — — — —

5 Unit of radioactivity (9)

— — — — — — — — —

A	A	B	C	C	E	E	E
E	E	E	E	H	L	L	L
M	O	O	O	Q	R	S	S
T	T	T	T	U	U	U	W

130

1 Forceful seizure of power (4)

— — — —

2 Very amusing person or thing (4)

— — — —

3 Spaniel breed (6)

— — — — — —

4 Cheerio! (6-2)

— — — — — — — —

5 For sale at a low price (5,5)

— — — — — — — — — —

A	C	C	C	C	D	E	E
E	G	G	H	H	I	K	L
N	O	O	O	O	O	O	O
O	O	P	P	R	T	T	U

131

1 Paddle (3)

— — —

2 French farewell (5)

— — — — —

3 Shellfish (6)

— — — — — —

4 One sponsored at baptism (8)

— — — — — — — —

5 Decorative style of the 1890s (3,7)

— — — — — — — — — —

A	A	A	A	C	D	D	D
E	E	E	G	H	I	I	L
N	O	O	O	O	R	R	R
S	T	T	U	U	U	V	Y

132

1 Greedily monopolise (3)

— — —

2 Édouard ---, French artist (5)

— — — — —

3 Large metal cooking pot (8)

— — — — — — — —

4 Helplessly struggle or fail (8)

— — — — — — — —

5 Hustle and bustle (8)

— — — — — — — —

A	A	A	B	C	D	E	E
G	G	H	H	I	L	L	M
N	N	N	N	O	O	R	S
S	S	S	T	U	U	U	Y

133

1 Piece of foliage (4)

_ _ _ _

2 Once again, freshly (4)

_ _ _ _

3 Folded and filled pastry (8)

_ _ _ _ _ _ _ _

4 Charles ---, rubber developer (8)

_ _ _ _ _ _ _ _

5 All people (8)

_ _ _ _ _ _ _ _

A	A	A	D	E	E	E	E
E	E	E	F	G	L	N	N
N	O	O	O	O	R	R	R
R	T	U	V	V	W	Y	Y

134

1 Woodwind instrument (5)

_ _ _ _ _

2 Animal's nasal area (5)

_ _ _ _ _

3 Fruit in *The Owl & the Pussycat* (6)

_ _ _ _ _ _

4 Lower surface (6)

_ _ _ _ _ _

5 Robotic or lacking emotion (10)

_ _ _ _ _ _ _ _ _ _

A	A	B	C	C	C	E	E
E	F	H	I	I	L	L	M
M	N	N	N	O	O	O	Q
S	T	T	T	U	U	U

135

1 Stream, brook (4)

— — — —

2 Alcoholic drink made from fruit (5)

— — — — —

3 Hedge sparrow (7)

— — — — — — —

4 Scottish smallholder (7)

— — — — — — —

5 Slapstick humour (3,6)

— — — — — — — — —

B	C	C	C	C	D	D	E
E	E	E	F	K	K	L	M
N	N	O	O	O	O	P	R
R	R	R	T	U	W	Y	Y

136

1 "Damascene conversion" saint (4)

— — — —

2 Postponed, pending (2,3)

— — — — —

3 Subdivision of a diocese (6)

— — — — — —

4 Period of house rental (7)

— — — — — — —

5 Grand-slam tennis event (6,4)

— — — — — — — — — —

A	A	A	C	C	C	E	E
E	E	F	H	H	I	I	L
N	N	N	N	N	O	O	P
P	P	R	R	S	T	U	Y

137

1 Ova (4)

_ _ _ _

2 --- Brothers, 1930s comedians (4)

_ _ _ _

3 Tyrant (6)

_ _ _ _ _ _

4 Rude and unpleasant (9)

_ _ _ _ _ _ _ _ _

5 Large ensemble of musicians (9)

_ _ _ _ _ _ _ _ _

A	A	B	C	D	E	E	E
G	G	H	I	M	N	O	O
O	O	O	P	R	R	R	S
S	S	S	T	T	U	X	X

138

1 Money donated to charity (4)

_ _ _ _

2 Beautiful nature spirit of myth (5)

_ _ _ _ _

3 Aggressively masculine (5)

_ _ _ _ _

4 Form of currency (8)

_ _ _ _ _ _ _ _

5 Cap on the rate of travel (5,5)

_ _ _ _ _ _ _ _ _ _

A	A	A	B	C	D	E	E
E	H	H	I	I	K	L	L
M	M	M	M	N	N	N	O
O	P	P	S	S	T	T	Y

139

1 Bird once of Mauritius (4)

_ _ _ _

2 Marsh, bog (4)

_ _ _ _

3 Convertible item of furniture (4,3)

_ _ _ _ _ _ _

4 Sideways (7)

_ _ _ _ _ _ _

5 Proportionally smaller replica (5,5)

_ _ _ _ _ _ _ _ _ _

A	A	A	A	B	C	D	D
D	D	E	E	E	E	E	F
I	L	L	L	L	M	M	O
O	O	O	R	R	S	S	T

140

1 Droop like a dying plant (4)

_ _ _ _

2 Personnel (5)

_ _ _ _ _

3 Core (6)

_ _ _ _ _ _

4 Predation (7)

_ _ _ _ _ _ _

5 Draught animal (5,5)

_ _ _ _ _ _ _ _ _

A	D	D	E	E	E	F	F
G	H	H	H	I	I	I	I
L	L	M	N	N	O	R	R
S	S	S	T	T	T	U	W

141

1 Adore (4)

_ _ _ _

2 Bob down evasively (4)

_ _ _ _

3 Badly behaved (7)

_ _ _ _ _ _ _

4 US postal reference (3,4)

_ _ _ _ _ _ _

5 Singer nicknamed "the Big O" (3,7)

_ _ _ _ _ _ _ _ _ _

A	B	C	C	D	D	E	E
G	H	I	I	K	L	N	N
O	O	O	O	O	P	R	R
S	T	U	U	V	Y	Y	Z

142

1 Throw down or close violently (4)

_ _ _ _

2 Trading agreement (4)

_ _ _ _

3 Spoken defamation (7)

_ _ _ _ _ _ _

4 Nottinghamshire forest (8)

_ _ _ _ _ _ _ _

5 Startling revelation (3-6)

_ _ _ _ _ _ _ _ _

A	A	A	D	D	D	E	E
E	E	E	E	E	H	L	L
L	M	N	N	O	O	O	P
R	R	R	S	S	S	W	Y

143

1 Clutch (5)

— — — — —

2 Metalworker (6)

— — — — — —

3 Catchline (6)

— — — — — —

4 Expression of amusement (7)

— — — — — — —

5 Tropical vitamin deficiency (8)

— — — — — — — —

A	A	B	B	C	C	D	E
E	E	E	E	G	G	H	I
I	K	L	L	L	N	O	P
R	R	R	R	S	S	U	W

144

1 Damp-loving flowerless plant (4)

— — — —

2 Undulating landscape (5)

— — — — —

3 Clothing fastener (6)

— — — — — —

4 Musical about a US statesman (8)

— — — — — — — —

5 Following a set pattern (9)

— — — — — — — — —

A	A	B	C	F	H	H	I
I	I	L	L	L	L	M	M
M	N	N	O	O	O	O	R
S	S	S	T	T	T	U	U

145

1 Workable metal (4)

— — — —

2 Motorcar compartment (4)

— — — —

3 Feisty breed of dog (7)

— — — — — — —

4 Needlework aid (7)

— — — — — — —

5 Dominate (resources) totally (10)

— — — — — — — — — —

B	B	E	E	E	H	I
I	I	I	L	L	M	M	N
N	O	O	O	O	O	O	P
R	R	R	R	S	T	T	T

146

1 Group of three (4)

— — — —

2 Altitude (6)

— — — — — —

3 Resonant, reverberating (6)

— — — — — —

4 Issue forth (7)

— — — — — — —

5 Covering the entire body (4-2-3)

— — — — — — — — —

A	A	A	C	C	D	E	E
E	E	E	E	G	H	H	H
H	I	I	I	M	N	O	O
O	O	R	T	T	T	T

147

1 Notice (4)

_ _ _ _

2 Part of a house (4)

_ _ _ _

3 Courage, pluck (6)

_ _ _ _ _ _

4 Main news stories (9)

_ _ _ _ _ _ _ _ _

5 Pop music charts (formerly) (3,6)

_ _ _ _ _ _ _ _ _

A	A	A	B	D	D	E	E
E	E	F	H	H	I	I	L
L	N	O	O	O	O	P	P
R	R	S	S	T	T	T	T

148

1 Male cat (3)

_ _ _

2 Significant, important (5)

_ _ _ _ _

3 Reduced to powder, milled (6)

_ _ _ _ _ _

4 Female vocal range (9)

_ _ _ _ _ _ _ _ _

5 Over the moon (9)

_ _ _ _ _ _ _ _ _

A	A	C	D	D	D	E	E
G	G	H	I	J	L	L	M
M	N	N	O	O	O	O	O
R	R	R	T	T	T	U	

149

1 Company identity (5)

_ _ _ _ _

2 Most respected man in a group (5)

_ _ _ _ _

3 Strife (7)

_ _ _ _ _ _ _

4 Nerve cell (7)

_ _ _ _ _ _ _

5 Contemporary relevance (8)

_ _ _ _ _ _ _ _

A	B	B	C	C	D	D	E
E	E	E	E	L	N	N	N
N	N	O	O	O	R	R	R
R	R	T	U	U	U	Y	Y

150

1 Exploratory spacecraft (5)

_ _ _ _ _

2 Token of achievement (5)

_ _ _ _ _

3 Slight involuntary movement (6)

_ _ _ _ _ _

4 Mass of gold or silver (7)

_ _ _ _ _ _ _

5 Historical record (9)

_ _ _ _ _ _ _ _ _

A	A	B	B	C	C	C	D
E	E	H	H	I	I	I	L
L	L	N	N	O	O	O	P
R	R	R	T	T	U	W	W

151

1 Organic matter in soil (5)

— — — — —

2 Benefactor (5)

— — — — —

3 Two-piece garment (6)

— — — — — —

4 Young hare (7)

— — — — — — —

5 Twin-hulled vessel (9)

— — — — — — — — —

A	A	A	A	B	C	D	E
E	E	H	I	I	I	K	L
M	M	N	N	N	O	O	R
R	R	S	T	T	U	U	V

152

1 Donkey's hoarse cry (4)

— — — —

2 Long sharply pointed object (5)

— — — — —

3 Awful smell (6)

— — — — — —

4 Infringe, trespass (8)

— — — — — — — —

5 Generous (9)

— — — — — — — — —

A	A	B	C	C	C	E	E
E	E	F	H	H	H	I	I
K	L	N	N	N	O	P	R
R	S	S	S	S	T	U	Y

153

1 Pale (5)

_ _ _ _ _

2 Set of notes played in unison (5)

_ _ _ _ _

3 Good deal (7)

_ _ _ _ _ _ _

4 Equilibrium (7)

_ _ _ _ _ _ _

5 Eye-catching (8)

_ _ _ _ _ _ _ _

A	A	A	A	B	B	C	C
D	E	G	G	G	H	H	I
I	I	I	K	L	L	N	N
N	O	R	R	R	S	T	T

154

1 Recipient of a legacy (4)

_ _ _ _

2 Subterranean folklore creature (5)

_ _ _ _ _

3 Lyrical prayer (5)

_ _ _ _ _

4 Memory aid (8)

_ _ _ _ _ _ _ _

5 Impractical idea (10)

_ _ _ _ _ _ _ _ _ _

A	A	C	E	E	E	E	G
H	I	I	L	M	M	M	M
N	N	N	N	N	O	O	O
P	R	R	R	S	S	T	T

155

1 A long time (4)

— — — —

2 Part of the wicket in cricket (5)

— — — — —

3 Historic city in Tuscany (5)

— — — — —

4 Conceited (8)

— — — — — — — —

5 Handy blend of flavourings (5,5)

— — — — — — — — — —

A	A	A	A	A	B	B	D
E	E	E	E	G	G	H	I
I	I	L	M	N	N	O	R
R	R	S	S	S	S	T	X

156

1 Group of lions (5)

— — — — —

2 New World arboreal mammal (5)

— — — — —

3 Shiny finish (6)

— — — — — —

4 Embarrassing mistake (7)

— — — — — — —

5 Inflammation of a nasal cavity (9)

— — — — — — — — —

A	C	D	E	E	E	G	H
I	I	I	I	L	L	L	N
N	O	P	R	R	R	S	S
S	S	S	T	T	T	U	U

157

1 Nocturnal insect (4)

— — — —

2 Low point (5)

— — — — —

3 Self-confidently cheerful (6)

— — — — — —

4 Fearless comic-book Gaul (7)

— — — — — — —

5 Scottish adventure novelist (4,6)

— — — — — — — — — —

A	A	A	A	B	C	D	E
H	H	H	I	I	J	J	M
N	N	N	N	O	O	R	R
S	T	T	T	U	U	X	Y

158

1 Manager (4)

— — — —

2 Sailing vessel (5)

— — — — —

3 Painter's stand (5)

— — — — —

4 Break into jagged pieces (8)

— — — — — — — —

5 Sharing the bill equally (5,5)

— — — — — — — — — —

A	A	B	C	C	D	E	E
E	G	G	H	H	I	I	L
L	N	N	O	O	P	R	S
S	S	S	T	T	U	Y

159

1 Steal, pinch (6)

_ _ _ _ _ _

2 Prize (6)

_ _ _ _ _ _

3 Formulate (a document) (4,2)

_ _ _ _ _ _

4 State of northwest India (6)

_ _ _ _ _ _

5 Gymnastic manoeuvre (8)

_ _ _ _ _ _ _ _

A	A	A	A	B	B	C	D
D	E	E	F	F	I	I	J
K	L	L	N	P	P	P	P
R	R	R	R	U	U	W	W

160

1 Stay above one spot while aloft (5)

_ _ _ _ _

2 Hoisting machine (5)

_ _ _ _ _

3 Welsh national symbol (6)

_ _ _ _ _ _

4 Dairy product (6)

_ _ _ _ _ _

5 Countryside pursuit (3,7)

_ _ _ _ _ _ _ _ _ _

A	A	B	C	D	E	E	E
F	F	G	G	H	H	I	I
L	N	N	N	O	O	R	R
R	R	S	T	T	U	V	Y

161

1 Confront (4)

— — — —

2 Upward force (4)

— — — —

3 Rucksack (8)

— — — — — — — —

4 Former British dependency (4,4)

— — — — — — — —

5 Traditional pudding (4-4)

— — — — — — — —

A	A	A	B	C	C	C	E
F	F	G	G	H	I	K	K
K	L	L	L	N	N	O	O
O	O	P	P	R	T	Y	Y

162

1 Largest Greek island (5)

— — — — —

2 Courtroom panellist (5)

— — — — —

3 Test of suitability (5)

— — — — —

4 Enter and spread throughout (8)

— — — — — — — —

5 Cunning plan (9)

— — — — — — — — —

A	A	A	A	C	E	E	E
E	E	E	G	I	J	L	M
M	O	P	R	R	R	R	R
R	S	T	T	T	T	T	U

163

1 Entranceway (4)

— — — —

2 Water sport (6)

— — — — — —

3 Make minor adjustments (6)

— — — — — —

4 Group of aquatic creatures (6)

— — — — — —

5 Lookalike (4,6)

— — — — — — — — — —

A	C	D	D	D	D	E	E
E	G	G	H	I	I	I	I
K	L	N	N	N	O	O	O
O	R	R	R	R	S	T	V

164

1 Charged particle (3)

— — —

2 Lavish, luxurious (5)

— — — — —

3 Form of rugby union (6)

— — — — — —

4 Old-fashioned golf wear (4,5)

— — — — — — — — —

5 Pontoon (6-3)

— — — — — — — — —

E	E	E	E	F	H	I	L
L	N	N	N	O	O	O	
P	P	R	S	S	S	S	S
T	T	U	U	U	V	W	Y

165

1 Central American civilisation (4)

— — — —

2 Bread of Middle Eastern origin (5)

— — — — —

3 Helpful household elf (7)

— — — — — — —

4 Island with Palma as its capital (7)

— — — — — — —

5 Peak TV viewing hours (5,4)

— — — — — — — — —

A	A	A	A	A	B	C	E
E	E	I	I	I	I	J	M
M	M	M	N	O	O	P	P
R	R	R	T	T	T	W	Y

166

1 Ringlet (4)

— — — —

2 Shrivel up (6)

— — — — — —

3 Anthony —, 20th-century writer (6)

— — — — — —

4 Public broadcast (6)

— — — — — —

5 Dutch old master (3,7)

— — — — — — — — — —

A	A	C	E	E	E	E	E
G	H	I	I	I	J	L	L
L	M	N	N	O	P	R	R
R	R	R	T	U	V	W	W

167

1 Work-based school certificate (1,1,1)

_ _ _

2 Light-headed (5)

_ _ _ _ _

3 One acting on another's behalf (5)

_ _ _ _ _

4 Very unpleasant or painful (9)

_ _ _ _ _ _ _ _ _

5 Upside down (5-5)

_ _ _ _ _ _ _ _ _

N	O	O	O	O	O	O	P
P	Q	R	R	R	R	S	S
T	T	T	T	U	U	U	V
V	W	X	Y	Y	Y	Y	Z

168

1 Chesspiece (4)

_ _ _ _

2 Dainty magical creature (5)

_ _ _ _ _

3 Powerful ruler (7)

_ _ _ _ _ _ _

4 Type of pasta (8)

_ _ _ _ _ _ _ _

5 Restorative drink (4-2-2)

_ _ _ _ _ _ _

A	A	A	C	C	E	E	E
F	G	I	I	I	I	K	K
M	M	M	N	N	O	O	P
P	P	R	R	R	R	U	Y

169

1 Distinctive aroma of wines (4)

_ _ _ _

2 One of the zodiac signs (5)

_ _ _ _ _

3 Food made with batter (7)

_ _ _ _ _ _ _

4 Shower or scatter (8)

_ _ _ _ _ _ _ _

5 Poem comprising five lines (8)

_ _ _ _ _ _ _ _

A	A	A	C	C	E	E	E
E	E	I	I	I	I	K	K
K	L	L	M	N	N	N	O
P	P	R	R	R	S	S	S

170

1 Obsolete five-shilling coin (5)

_ _ _ _ _

2 Batsman's adversary (6)

_ _ _ _ _ _

3 Hinged car panel (6)

_ _ _ _ _ _

4 Central American country (6)

_ _ _ _ _ _

5 Knighted football manager (4,5)

_ _ _ _ _ _ _ _ _

A	A	A	A	B	B	B	B
C	E	E	L	M	M	N	N
N	N	O	O	O	P	R	R
S	T	T	T	U	W	W	Y

171

1 Expensive (4)

— — — —

2 Item of confectionery (7)

— — — — — — —

3 Grace ---, shipwreck heroine (7)

— — — — — — —

4 Precious, cherished (7)

— — — — — — —

5 Referee's severest sanction (3,4)

— — — — — — —

A	A	A	B	C	D	D	D
D	D	E	E	E	E	E	E
E	G	I	I	L	L	N	O
R	R	R	R	S	T	V	W

172

1 Soil (5)

— — — — —

2 Put into use (6)

— — — — — —

3 Austere, frugally decorated (7)

— — — — — — —

4 Not in favour of (7)

— — — — — — —

5 Long-haired cat breed (7)

— — — — — — —

A	A	A	A	A	A	E	E
E	G	H	I	I	L	M	N
N	N	O	P	P	P	R	R
R	S	S	S	T	T	T	Y

173

1 Particle of a chemical element (4)

— — — —

2 Pool of money (5)

— — — — —

3 Affected by air pollution (6)

— — — — — —

4 Means of rescue (8)

— — — — — — — —

5 Book of available products (9)

— — — — — — — — —

A	A	A	C	E	E	E	F
G	G	G	I	I	I	K	L
L	L	M	M	N	O	O	O
S	T	T	T	T	U	Y	Y

174

1 Large Indonesian island (4)

— — — —

2 Fundamental (5)

— — — — —

3 Constricting snake (6)

— — — — — —

4 Gathering (8)

— — — — — — — —

5 Referred to by a secret word (4-5)

— — — — — — — — —

A	A	A	A	A	B	B	C
C	D	D	E	E	E	H	I
J	L	M	M	N	N	O	O
P	S	S	S	T	V	Y	Y

175

1 Unusual (3)

— — —

2 Seashore (5)

— — — — —

3 Fine ornamental glass (7)

— — — — — — —

4 Pharmaceutical product (8)

— — — — — — — —

5 Enjoy oneself greatly (4,1,4)

— — — — — — — — —

A	A	A	A	A	B	B	C
C	C	D	D	D	E	E	E
E	H	H	I	I	L	L	L
M	N	O	R	S	T	V	Y

176

1 Roman country house (5)

— — — — —

2 Royal residence (6)

— — — — — —

3 Expanse of woodland (6)

— — — — — —

4 Man who sought Livingstone (7)

— — — — — — —

5 Superhero's companion (8)

— — — — — — — —

A	A	A	A	C	C	D	E
E	E	E	F	I	I	I	K
K	L	L	L	L	N	O	P
R	S	S	S	T	T	V	Y

177

1 Passionate suitor (5)

— — — — —

2 First Greek letter (5)

— — — — —

3 Vast Asian country (5)

— — — — —

4 Month begun by All Saints' Day (8)

— — — — — — — —

5 Tribal weather summoner (9)

— — — — — — — — —

A	A	A	A	A	B	D	E
E	E	E	H	I	I	I	K
L	M	M	M	N	N	N	O
O	O	P	R	R	R	R	V

178

1 Entrance room (4)

— — — —

2 Accra's country (5)

— — — — —

3 In possession of (7)

— — — — — — —

4 Sports event official (7)

— — — — — — —

5 Anemometer measurement (4,5)

— — — — — — — — —

A	A	A	A	A	D	D	D
E	E	G	G	H	H	H	H
I	I	L	L	L	L	M	N
N	N	O	P	R	S	S	W

179

1 Hollow cylinder (4)

— — — —

2 Downbeat AA Milne character (6)

— — — — — —

3 Zero (6)

— — — — — —

4 Coastal area of south Devon (6)

— — — — — —

5 Strong European cheese (6,4)

— — — — — — — — — —

A	A	B	B	B	D	E	E
E	E	E	G	H	H	I	L
N	N	O	O	O	R	R	S
T	T	T	U	U	U	Y	Y

180

1 Church minister (6)

— — — — — —

2 --- de corps, collective feeling (6)

— — — — — —

3 (Of fruit) most fully developed (6)

— — — — — —

4 Band of colour (6)

— — — — — —

5 Used again (8)

— — — — — — — —

C	C	D	E	E	E	E	E
E	I	I	I	I	L	P	P
P	P	R	R	R	R	R	S
S	S	S	T	T	T	T	Y

181

1 Part of a book's binding (5)

_ _ _ _ _

2 Machine lubricant (6)

_ _ _ _ _ _

3 Peckish (6)

_ _ _ _ _ _

4 Conifer such as the leylandii (7)

_ _ _ _ _ _ _

5 Having a pleasant sound (8)

_ _ _ _ _ _ _ _

A	C	C	E	E	E	E	E
G	G	H	H	I	I	N	N
N	O	P	P	P	R	R	R
S	S	S	S	U	U	Y	Y

182

1 Urban passenger vehicle (4)

_ _ _ _

2 Movie (4)

_ _ _ _

3 Undertaken without fee (3,4)

_ _ _ _ _ _ _

4 Intellectual, learned (7)

_ _ _ _ _ _ _

5 Pioneering fossil hunter (4,6)

_ _ _ _ _ _ _ _ _ _

A	A	A	B	D	E	E	F
G	I	I	I	L	M	M	M
N	N	N	N	O	O	O	P
R	R	R	R	T	T	U	Y

183

1 Recover from a setback (5)

— — — — —

2 Extent (5)

— — — — —

3 Allocated share (6)

— — — — — —

4 Assigned task (7)

— — — — — — —

5 Subject of early affections (5,4)

— — — — — — — — —

A	A	A	E	E	F	G	I
I	I	I	L	L	L	M	N
N	N	O	O	O	R	R	R
R	S	S	T	T	V	Y	

184

1 Traditional Scottish garment (4)

— — — —

2 Final Greek letter (5)

— — — — —

3 High-pitched laugh (6)

— — — — — —

4 And so on (2,6)

— — — — — — — —

5 Relative size (9)

— — — — — — — — —

A	A	A	C	D	E	E	E
E	E	E	G	G	G	G	G
I	I	I	K	L	L	M	M
N	O	R	T	T	T	U	

185

1 Connect (4)

— — — —

2 Become less interesting (4)

— — — —

3 Of the period 1714-1830 (8)

— — — — — — — —

4 Orbital transport route (4,4)

— — — — — — — —

5 Scurrying around busily (8)

— — — — — — — —

A	A	A	B	D	E	E	E
G	G	G	G	I	I	I	I
J	L	L	L	N	N	N	N
O	O	O	P	R	R	R	T

186

1 Replete, satiated (4)

— — — —

2 Barren, cheerless (5)

— — — — —

3 Open to all (6)

— — — — — —

4 Glastonbury's county (8)

— — — — — — — —

5 Domestic chores (9)

— — — — — — — — —

A	B	B	C	E	E	E	E
F	H	I	K	K	L	L	L
L	M	O	O	O	P	R	R
S	S	S	T	U	U	U	W

187

1 Amphibian (4)

— — — —

2 Damp (5)

— — — — —

3 Sacred Indian river (6)

— — — — — —

4 Tobacco use (7)

— — — — — — —

5 Blanket of stratocumulus, eg (5,5)

— — — — — — — — — —

A	C	C	D	E	E	F	G
G	G	G	I	I	K	L	M
M	N	N	O	O	O	O	O
R	R	S	S	S	T	U	V

188

1 40th wedding anniversary gift (4)

— — — —

2 Fruit distilled to make kirsch (6)

— — — — — —

3 Abandon in an isolated place (6)

— — — — — —

4 Optimistic despite difficulties (8)

— — — — — — — —

5 Emergency warning signal (3,5)

— — — — — — — —

A	A	A	B	C	D	E	E
E	E	G	H	I	L	M	N
N	N	O	O	R	R	R	R
R	R	S	T	U	U	Y	Y

189

1 Desire, covet (4)

_ _ _ _

2 Implement (4)

_ _ _ _

3 Plant popular as a cut flower (7)

_ _ _ _ _ _ _

4 Predict (7)

_ _ _ _ _ _ _

5 Work in opposition to (10)

_ _ _ _ _ _ _ _ _ _

A	A	A	C	C	E	E	E
E	E	E	F	F	I	L	N
N	O	O	O	O	R	R	R
S	S	T	T	T	U	W	

190

1 Post (4)

_ _ _ _

2 Celebrity (4)

_ _ _ _

3 Yardstick of behaviour (8)

_ _ _ _ _ _ _ _

4 Defender (8)

_ _ _ _ _ _ _ _

5 Clothing industry (3,5)

_ _ _ _ _ _ _ _

A	A	A	A	A	A	A	A
D	D	D	D	E	G	G	I
I	L	M	N	N	R	R	R
R	R	S	S	T	T	T	U

191

1 Agricultural building (4)

— — — —

2 Tintin's dog (5)

— — — — —

3 Diminutive (6)

— — — — — —

4 High-pitched wail (7)

— — — — — — —

5 Legislative assembly (10)

— — — — — — — — — —

A	A	A	B	C	C	E	E
E	E	H	I	I	L	L	L
M	N	N	N	O	P	R	R
R	S	S	T	T	T	W	Y

192

1 Tree common to south England (5)

— — — — —

2 Fanfare instrument (5)

— — — — —

3 Excessively punctilious person (6)

— — — — — —

4 For a short period of time (7)

— — — — — — —

5 Insect trap (9)

— — — — — — — — —

A	B	B	B	B	C	D	D
E	E	E	E	E	E	E	F
G	H	I	I	L	L	N	P
P	R	R	S	T	U	W	Y

193

1 Low-energy luminous device (1,1,1)

— — —

2 Old-fashioned text messager (5)

— — — — —

3 Oust, usurp (8)

— — — — — — — —

4 US stock exchange index (3,5)

— — — — — — — —

5 Geniality, friendliness (8)

— — — — — — — —

A	A	B	D	D	E	E	E
E	G	H	I	J	L	L	M
N	N	N	O	O	O	O	P
P	P	R	S	S	T	U	W

194

1 Loose mountainside rubble (5)

— — — — —

2 Instruction to play quickly (6)

— — — — — —

3 Christian festival (6)

— — — — — —

4 Composite picture (7)

— — — — — — —

5 Necessitated, required (8)

— — — — — — — —

A	A	A	C	C	D	E	E
E	E	E	E	E	E	G	I
L	L	L	N	O	O	P	R
R	R	S	S	T	T	T	

195

1 Maori war chant (4)

— — — —

2 Flock of geese (6)

— — — — — —

3 Small edible shellfish (6)

— — — — — —

4 Female relative (8)

— — — — — — — —

5 Surgical bindings (8)

— — — — — — — —

A	A	A	A	C	C	C	D
E	E	E	E	G	G	G	G
H	H	H	I	K	K	L	L
O	R	S	S	T	T	T	U

196

1 Baking mixture (5)

— — — — —

2 Main branch of a tree (5)

— — — — —

3 Feeding tray (6)

— — — — — —

4 Exhaustive, comprehensive (8)

— — — — — — — —

5 Poetic device (3,5)

— — — — — — — —

B	D	E	E	E	G	G	G
G	H	H	H	H	H	H	M
O	O	O	O	O	R	R	R
T	T	U	U	U	U	Y	Y

197

1 Harvest (4)

— — — —

2 Unit of 1,760 yards (4)

— — — —

3 Inexpensive (5)

— — — — —

4 South American nationality (9)

— — — — — — — — —

5 Mixture of healthy foods (5,5)

— — — — — — — — — —

A	A	A	A	A	C	D	E
E	E	E	E	F	G	H	I
I	I	L	L	M	N	N	P
P	R	R	R	S	T	T	U

198

1 Large passenger vessel (5)

— — — — —

2 Art of picking one's moment (6)

— — — — — —

3 Drinking salutation (6)

— — — — — —

4 Picture stuck to a wall (6)

— — — — — —

5 Quick check of attendance (4,5)

— — — — — — — — —

A	C	C	D	E	E	E	E
E	G	H	H	I	I	I	L
M	N	N	N	O	O	P	R
R	R	S	S	T	T	T	U

1 Imperial unit of length (4)

— — — —

2 Full form of "pp" on a letter (3,3)

— — — — — —

3 Middle Eastern body of water (3,3)

— — — — — —

4 Long-legged seat (3-5)

— — — — — — — —

5 Pay an equal amount (2,6)

— — — — — — — —

A	A	A	B	C	D	E	E
E	E	G	H	H	I	L	L
N	O	O	O	O	P	P	R
R	R	R	S	S	S	T	V

1 Javelin (5)

— — — — —

2 Thrown, hurled (5)

— — — — —

3 Yellowish-green garden bird (6)

— — — — — —

4 Hand over (7)

— — — — — — —

5 Historic county of Wales (9)

— — — — — — — — —

A	A	A	D	E	E	E	F
G	G	G	I	I	I	K	L
L	L	M	N	N	N	O	P
R	R	R	S	S	S	U	V

201

1 Classical god of the underworld (5)

— — — — —

2 Sagging (6)

— — — — — —

3 Nightclub doorman (7)

— — — — — — —

4 Tube implanted in the eardrum (7)

— — — — — — —

5 The celestial body Sirius (3,4)

— — — — — — —

A	B	C	D	D	E	E	G
G	L	M	M	N	O	O	O
O	O	O	P	P	R	R	R
R	S	T	T	U	U	Y	

202

1 Totally disorientated (4)

— — — —

2 Rodent-like mammal (5)

— — — — —

3 Royal castle town (7)

— — — — — — —

4 Null value (7)

— — — — — — —

5 Satisfying victory after defeat (4,5)

— — — — — — — — —

A	A	D	E	G	G	H	H
H	I	I	L	L	L	N	N
N	O	O	O	R	R	S	S
S	S	T	T	U	W	W	

203

1 1960s rival of the rockers (3)

— — —

2 Punch, thump (4)

— — — —

3 Jerked quickly to and fro (7)

— — — — — — —

4 Casino card game (9)

— — — — — — — — —

5 Capital city of Cambodia (5,4)

— — — — — — — — —

A	A	B	B	C	C	D	D
E	E	F	F	G	G	H	H
I	I	J	J	K	K	L	L
M	M	N	N	O	O	P	P

204

1 Friends (4)

— — — —

2 Roman's flowing robe (4)

— — — —

3 Country of north Africa (5)

— — — — —

4 Mental capacity (9)

— — — — — — — — —

5 General under Julius Caesar (4,6)

— — — — — — — — — —

A	A	A	A	C	E	E	E
G	G	I	K	L	L	L	M
N	N	N	O	O	P	P	R
S	T	T	T	T	T	Y	Y

205

1 Temporary shelter (4)

— — — —

2 Gut feeling (5)

— — — — —

3 Idea (7)

— — — — — — —

4 British pre-Raphaelite artist (7)

— — — — — — —

5 Bedrock of political support (5,4)

— — — — — — — — —

A	A	B	C	E	E	E	G
H	H	H	H	I	I	L	L
M	N	N	O	O	P	R	S
S	T	T	T	U	U	W	

206

1 City once known as Aquae Sulis (4)

— — — —

2 Jeopardy (4)

— — — —

3 Armoured glove (8)

— — — — — — — —

4 Commercial enterprise (8)

— — — — — — — —

5 Scarper! (3,3,2)

— — — — — — — —

A	A	B	B	E	E	F	G
H	I	I	I	K	L	N	N
N	O	R	R	R	S	S	S
S	T	T	T	U	U	U	

207

1 Deny responsibility for (6)

_ _ _ _ _ _

2 Japanese military commander (6)

_ _ _ _ _ _

3 Tap in a cask of liquid (6)

_ _ _ _ _ _

4 Within a ship (7)

_ _ _ _ _ _ _

5 Type of livestock farm (7)

_ _ _ _ _ _ _

A	B	D	D	E	G	G	H
I	I	I	N	N	N	N	O
O	O	O	O	P	R	R	S
S	S	S	T	U	W	W	Y

208

1 Medieval business group (5)

_ _ _ _ _

2 Metal fastener (6)

_ _ _ _ _ _

3 Fortification (6)

_ _ _ _ _ _

4 Restless desire (6)

_ _ _ _ _ _

5 US industrialist (5,4)

_ _ _ _ _ _ _ _ _

A	A	C	D	D	E	E	E
E	F	G	G	H	H	I	L
L	L	N	N	O	P	R	R
R	S	S	T	T	U	U	Y

209

1 State capital of Tasmania (6)

— — — — — —

2 Hinged pendant (6)

— — — — — —

3 Start (a computer) again (6)

— — — — — —

4 Fancy clothing or jewellery (6)

— — — — — —

5 Moral fortitude, resolve (8)

— — — — — — — —

A	A	B	B	B	B	C	C
E	E	E	E	F	H	I	K
K	L	N	N	O	O	O	O
O	R	R	R	T	T	T	Y

210

1 Chum (4)

— — — —

2 Precious metal (4)

— — — —

3 Task requiring a short trip (6)

— — — — — —

4 Heaven (8)

— — — — — — — —

5 Hairy-skinned fruit (10)

— — — — — — — — — —

A	A	A	A	B	D	D	D
E	E	E	E	E	G	G	I
L	M	N	O	O	O	P	R
R	R	R	R	S	S	T	Y

211

1 Support, get behind (4)

— — — —

2 Sullen (5)

— — — — —

3 Radio signal of compliance (5)

— — — — —

4 *Under the --- Tree*, Hardy novel (9)

— — — — — — — — —

5 Device for stabilising a drink (3-6)

— — — — — — — — —

A	B	C	C	C	D	D	D
E	E	E	G	H	I	K	L
L	M	N	O	O	O	O	O
O	P	R	R	U	W	W	Y

212

1 Impromptu remark (2-3)

— — — — —

2 Gathering (5)

— — — — —

3 Swallow, overwhelm (6)

— — — — — —

4 Technical malfunction (6)

— — — — — —

5 Unwanted consequence (4,6)

— — — — — — — — — —

A	B	C	C	C	D	D	D
E	E	E	E	F	F	F	G
G	H	I	I	I	L	L	L
N	O	R	S	T	T	U	W

213

1 Narrowly defeat (3)

— — —

2 Roller or breaker, eg (4)

— — — —

3 Summer sport (7)

— — — — — — —

4 Cardiac device (9)

— — — — — — — — —

5 Activity session for infants (9)

— — — — — — — — —

A	A	A	A	C	C	C	E
E	E	E	G	I	I	K	K
L	M	O	P	P	P	P	P
R	R	R	T	U	V	W	Y

214

1 Search or look (for) (4)

— — — —

2 Furiously grind (one's teeth) (5)

— — — — —

3 Type of cured meat (5)

— — — — —

4 Police rank (9)

— — — — — — — — —

5 Door-to-door campaigner (9)

— — — — — — — — —

A	A	A	A	A	B	B	C
C	C	E	E	G	H	H	L
N	N	N	N	N	O	O	R
S	S	S	S	T	T	U	V

215

1 Compass direction (5)

— — — — —

2 Wrath (5)

— — — — —

3 Religious building (5)

— — — — —

4 Area covered by heath (8)

— — — — — — — —

5 --- the Great, Russian empress (9)

— — — — — — — — —

A	A	A	A	B	B	C	D
E	E	E	E	G	H	H	I
L	M	N	N	N	N	O	O
O	R	R	R	R	T	T	Y

216

1 Poet (4)

— — — —

2 Present from birth, congenital (6)

— — — — — —

3 Print (reading matter) for sale (7)

— — — — — — —

4 Greek restaurant (7)

— — — — — — —

5 Rental proprietor (8)

— — — — — — — —

A	A	A	A	A	B	B	D
D	D	E	E	H	I	I	L
L	L	N	N	N	N	O	P
R	R	R	S	T	T	U	V

217

1 Travel on (4)

— — — —

2 Cattle (4)

— — — —

3 Setting of our star (7)

— — — — — — —

4 Interweaving (hair) (8)

— — — — — — — —

5 Electromagnetic oscillation (5,4)

— — — — — — — — —

A	A	A	B	C	D	D	D
D	E	E	G	I	I	I	I
N	N	N	O	O	O	R	R
R	S	S	U	V	W	W	W

218

1 Area of swampland (5)

— — — — —

2 Large, extensive (5)

— — — — —

3 Cricket bat wood (6)

— — — — — —

4 Facially hirsute (7)

— — — — — — —

5 Retaliatory (3-3-3)

— — — — — — — —

A	A	A	A	B	D	D	E
E	E	F	G	H	I	I	L
L	M	O	O	R	R	R	R
S	T	T	T	T	T	W	W

219

1 Sense by touch (4)

— — — —

2 Dirt, grime (5)

— — — — —

3 Brief first try of a new activity (5)

— — — — —

4 Treat with gaseous chemicals (8)

— — — — — — — —

5 Stereotypical male youth (4-3-3)

— — — — — — — — — —

A	A	A	A	C	D	E	E
E	E	F	F	F	F	G	H
H	I	I	J	K	L	L	L
M	O	R	T	T	T	U	Y

220

1 Black viscous substance (3)

— — —

2 Arrive (4)

— — — —

3 Gauge (5)

— — — — —

4 Miniature flower or tree, eg (5,5)

— — — — — — — — — —

5 Undetectable part of space (4,6)

— — — — — — — — — —

A	A	A	A	A	C	D	D
E	E	E	E	F	K	L	M
M	M	N	O	P	R	R	R
R	R	T	T	T	T	T	W

221

1 Cash (5)

_ _ _ _ _

2 Arrange (a meeting or date) (3,2)

_ _ _ _ _

3 Educate (5)

_ _ _ _ _

4 Shiny metallic decoration (7)

_ _ _ _ _ _ _

5 Humorous slip of the tongue (10)

_ _ _ _ _ _ _ _ _ _

A	A	C	E	E	E	E	F
G	H	I	I	L	M	M	N
N	N	O	O	O	P	P	P
R	S	S	S	T	U	X	Y

222

1 Influence (4)

_ _ _ _

2 Projectile carried in a quiver (5)

_ _ _ _ _

3 Old-fashioned aircraft (7)

_ _ _ _ _ _ _

4 Surround (7)

_ _ _ _ _ _ _

5 Jack Kerouac novel (2,3,4)

_ _ _ _ _ _ _ _ _

A	A	A	A	B	C	D	E
E	E	E	H	I	L	L	N
N	N	O	O	O	O	P	R
R	R	S	S	T	W	W	Y

223

1 Towards the centre (5)

— — — — —

2 Enumerate (5)

— — — — —

3 Attain (5)

— — — — —

4 Fruit tree plantation (7)

— — — — — — —

5 Writer of a famed 1751 elegy (6,4)

— — — — — — — — — —

A	A	A	A	C	C	C	D
E	E	G	H	H	H	I	M
N	N	N	O	O	O	R	R
R	R	R	S	T	T	U	Y

224

1 Copse (4)

— — — —

2 Shoe with a thick raised heel (5)

— — — — —

3 Motorist (6)

— — — — — —

4 Cheerful, upbeat (7)

— — — — — — —

5 Field event competitor (4-6)

— — — — — — — — — —

C	D	D	D	E	E	E	E
E	G	H	H	I	I	O	O
O	P	P	P	R	R	R	R
S	T	T	T	U	V	W	W

225

1 Nocturnal period (5)

— — — — —

2 Absent-mindedly play (with) (6)

— — — — — —

3 University award (6)

— — — — — —

4 Housing development (6)

— — — — — —

5 Newspaper article writer (9)

— — — — — — — — —

A	C	D	D	D	E	E	E
E	E	E	F	G	G	H	I
I	I	L	L	M	N	N	O
R	S	S	T	T	T	T	U

226

1 Throw away (3)

— — —

2 Drinking receptacle (5)

— — — — —

3 Stare wide-eyed (at) (6)

— — — — — —

4 Visually impressive event (9)

— — — — — — — — —

5 Capacity for planning ahead (9)

— — — — — — — — —

A	A	B	C	C	E	E	E
E	F	G	G	G	G	G	H
I	I	L	L	L	N	O	O
P	R	S	S	S	S	T	T

227

1 Concur (5)

— — — — —

2 Durable woollen fabric (5)

— — — — —

3 Caribbean music style (6)

— — — — — —

4 Astonish (7)

— — — — — — —

5 Keep (people) apart (9)

— — — — — — — — —

A	A	A	A	E	E	E
E	E	E	E	E	E	G	G
G	G	G	G	G	G	R	R
R	R	R	S	S	S	T	T

228

1 Public school in Berkshire (4)

— — — —

2 Walk theatrically (7)

— — — — — — —

3 Confiscate by legal right (7)

— — — — — — —

4 Computer application (7)

— — — — — — —

5 Boxer's pre-fight evaluation (5-2)

— — — — — — —

A	C	D	E	E	E	F	G
G	H	I	I	I	L	M	M
N	N	N	N	O	O	O	O
P	P	R	R	T	U	U	W

229

1 Toil, labour (4)

— — — —

2 School grouping (5)

— — — — —

3 In a state of disrepair (6)

— — — — — —

4 Marriage ceremony (7)

— — — — — — —

5 Imitate previous behaviour (6,4)

— — — — — — — — — —

A	B	C	D	D	E	E	F
G	I	I	K	K	L	L	L
N	N	O	O	O	O	R	R
S	S	S	T	U	W	W	W

230

1 Tom-tom or bongo, eg (4)

— — — —

2 End of a cigarette (4)

— — — —

3 Travel (along) very fast (6)

— — — — — —

4 Chamber housing a piston (8)

— — — — — — — —

5 Classic star of *High Noon* (4,6)

— — — — — — — — — —

A	A	B	B	C	C	D	D
E	E	E	G	I	L	L	M
N	O	O	P	R	R	R	R
R	R	T	T	U	U	Y	Y

231

1 Competent (4)

— — — —

2 Item of furniture (5)

— — — — —

3 Equestrian outbuilding (6)

— — — — — —

4 Poorly balanced (8)

— — — — — — — —

5 Bedfordshire town (9)

— — — — — — — — —

A	A	A	A	A	B	B	B
B	B	D	E	E	E	E	E
L	L	L	L	L	N	N	S
S	S	T	T	T	U		

232

1 Cry of excitement or jubilation (5)

— — — — —

2 Twist and squeeze (5)

— — — — —

3 Single-masted sailing boat (5)

— — — — —

4 Element such as fluorine (7)

— — — — — — —

5 Geometrical shape (10)

— — — — — — — — — —

A	C	C	E	E	E	G	G
H	H	I	I	I	L	L	L
M	N	N	O	O	O	O	O
P	P	R	R	S	S	W	W

233

1 Umber or sienna, eg (5)

— — — — —

2 Inhabitant of a Balkan state (5)

— — — — —

3 Long thin placard (6)

— — — — — —

4 Scary (8)

— — — — — — — —

5 Swap (8)

— — — — — — — —

A	A	A	B	B	C	C	C
E	E	E	G	G	H	H	I
I	L	L	N	N	N	N	N
O	O	R	R	R	T	W	X

234

1 Smile (4)

— — — —

2 Convey (5)

— — — — —

3 Unappreciative person (7)

— — — — — — —

4 Spanish mixed drink (7)

— — — — — — —

5 Series of Wagnerian epics (4,5)

— — — — — — — — —

A	A	A	B	C	C	E	E
G	G	G	G	G	I	I	I
I	I	L	N	N	N	N	N
R	R	R	R	R	S	T	Y

235

1 Unwelcome plant (4)

— — — —

2 Scruffy youngster (6)

— — — — — —

3 Shoot with a jet of liquid (6)

— — — — — —

4 Raita ingredient (8)

— — — — — — — —

5 Totally bewildered (3,2,3)

— — — — — — — —

A	A	A	B	C	C	C	D
E	E	E	E	H	I	I	L
L	M	N	Q	R	R	R	S
S	T	T	U	U	U	U	W

236

1 Thai currency (4)

— — — —

2 Ancient Greek poet (5)

— — — — —

3 Baked hard on the outside (6)

— — — — — —

4 Area of the Low Countries (8)

— — — — — — — —

5 Butter substitute (9)

— — — — — — — — —

A	A	A	A	B	C	D	E
E	E	F	G	H	H	I	L
M	M	N	N	O	R	R	R
R	R	S	S	T	T	U	Y

237

1 Leafy herb (4)

— — — —

2 Tidy, put in order (6)

— — — — — —

3 Levering (open or apart) (7)

— — — — — — —

4 Awaiting further action (7)

— — — — — — —

5 Courteous expression (5,3)

— — — — — — — —

A	A	A	D	E	E	E	E
E	F	G	G	G	I	I	I
N	N	N	N	N	O	P	P
R	R	S	S	T	T	U	Y

238

1 Small thin chipping (5)

— — — — —

2 Reel (5)

— — — — —

3 Consider (6)

— — — — — —

4 Spoil, detract from (7)

— — — — — — —

5 Stand up to scrutiny (4,5)

— — — — — — — —

A	A	A	D	D	E	E	E
F	H	H	I	K	L	L	L
N	N	O	O	O	O	P	P
R	R	R	S	S	T	T	W

239

1 Oar-propelled racing boat (5)

— — — — —

2 Fish of the salmon family (5)

— — — — —

3 Making derisive comments (6)

— — — — — —

4 Yearly (6)

— — — — — —

5 Pirate flag (5,5)

— — — — — — — — — —

A	A	B	C	E	G	G	I
I	J	J	L	L	L	L	L
N	N	N	O	O	O	R	R
R	S	T	T	U	U	U	Y

240

1 Playing card (4)

— — — —

2 Sodium chloride (4)

— — — —

3 Cheerfully unrestrained (6)

— — — — — —

4 Waterproof covering (9)

— — — — — — — — —

5 Artisan (9)

— — — — — — — — —

A	A	A	A	A	A	A	C
C	E	F	H	I	J	K	L
L	M	N	N	P	R	R	R
S	S	T	T	T	U	Y	

241

1 Complete once again (4)

— — — —

2 Reaction to a foreign substance (7)

— — — — — — —

3 Arts venue (7)

— — — — — — —

4 On the whole (7)

— — — — — — —

5 In the manner of a monarch (7)

— — — — — — —

A	A	A	A	D	E	E	E
E	E	G	G	G	G	L	L
L	L	L	L	L	L	O	R
R	R	R	R	Y	Y	Y	Y

242

1 Male rabbit (4)

— — — —

2 Act of climbing or rising (6)

— — — — — —

3 Industrially useful metal (6)

— — — — — —

4 Fourth (7)

— — — — — — —

5 Aspect, facet (9)

— — — — — — — — —

A	A	B	C	C	C	D	E
E	E	E	I	I	I	K	K
L	M	N	N	N	N	O	Q
R	R	S	S	T	T	U	U

243

1 Young fish (3)

— — —

2 Hunt illicitly (5)

— — — — —

3 Problematic situation (6)

— — — — — —

4 Climb over rough terrain (8)

— — — — — — — —

5 No-nonsense, realistic (4-6)

— — — — — — — — — —

A	A	A	B	B	C	C	C
D	D	E	E	E	F	H	H
I	I	K	L	L	L	M	O
O	P	P	R	R	R	S	Y

244

1 Part of a doorframe (4)

— — — —

2 Command for slowing a horse (4)

— — — —

3 Scope of responsibilities (5)

— — — — —

4 Classic Beatles song (9)

— — — — — — — — —

5 Three beats to the bar (6,4)

— — — — — — — — — —

A	A	A	B	D	E	E	E
E	E	H	I	I	I	J	L
M	M	M	O	P	R	R	R
S	T	T	T	T	W	Y	Y

245

1 Bullets, pellets etc (4)

— — — —

2 Impressive selection (5)

— — — — —

3 Berkshire racecourse (5)

— — — — —

4 Modifying, tweaking (9)

— — — — — — — — —

5 Dominant man in a group (5,4)

— — — — — — — — —

A	A	A	A	A	A	A
C	D	E	G	H	I	J	L
L	M	M	M	N	O	O	P
R	R	S	S	T	T	U	Y

246

1 Valley (4)

— — — —

2 Distant, unfriendly (5)

— — — — —

3 North European sea (6)

— — — — — —

4 Islamic school (8)

— — — — — — — —

5 Horse-grooming tool (9)

— — — — — — — — —

A	A	A	A	A	A	B	B
C	C	C	D	D	E	F	I
L	L	L	M	M	O	O	O
R	R	R	S	S	T	U	Y

247

1 Heavy hinged container (5)

— — — — —

2 Timepiece (5)

— — — — —

3 Outer limits (6)

— — — — — —

4 Secluded hideaway (7)

— — — — — — —

5 Victorian cookery writer (3,6)

— — — — — — — —

A	B	B	C	C	C	D	E
E	E	E	E	H	K	L	M
N	N	O	O	O	R	R	R
S	S	S	T	T	T	U

248

1 Floor covering (3)

— — —

2 Stain (4)

— — — —

3 Tepid (8)

— — — — — — — —

4 Fish of Atlantic waters (4,4)

— — — — — — — —

5 Formulator of sporting odds (9)

— — — — — — — — —

A	A	A	A	B	D	E	E
H	J	K	K	K	K	L	M
M	M	M	N	O	O	O	O
R	R	R	R	T	U	W	Y

249

1 Criticism (4)

_ _ _ _

2 Inner-city (5)

_ _ _ _ _

3 The North Star (7)

_ _ _ _ _ _ _

4 Endorsed with ink or a sticker (7)

_ _ _ _ _ _ _

5 Cockney (4,5)

_ _ _ _ _ _ _ _ _

A	A	A	A	A	B	D	D
E	E	E	E	F	I	K	L
L	M	N	N	O	P	P	R
R	R	S	S	S	T	T	U

250

1 Rainwater channel (5)

_ _ _ _ _

2 Old song recorded afresh (5)

_ _ _ _ _

3 Error (4-2)

_ _ _ _ _ _

4 *The* ---, Orson Welles film (5,3)

_ _ _ _ _ _ _ _

5 Author of *Tom Jones* (8)

_ _ _ _ _ _ _ _

A	C	D	D	E	E	F	G
G	H	I	I	I	I	L	L
L	L	M	N	N	O	P	P
R	R	S	T	U	U	V	Y

Cryptic Quintagrams

1

1 Make a gesture on being dumped in stream (4)

_ _ _ _

2 First of geese landing in lake get together (5)

_ _ _ _ _

3 Struggle loosening rivets (6)

_ _ _ _ _ _

4 Went ahead and provided loan (8)

_ _ _ _ _ _ _ _

5 Object, receiving reckless beating (9)

_ _ _ _ _ _ _ _ _

A	A	A	B	C	C	D	D
E	E	E	E	G	G	H
H	I	I	K	M	N	N	R
R	R	S	S	T	T	V	V

2

1 English King's throne room (4)

_ _ _ _

2 Indian prince beheaded by cross warrior of legend (4)

_ _ _ _

3 Excited talk from boxer? (6)

_ _ _ _ _ _

4 Illusionist to trick person in court (8)

_ _ _ _ _ _ _ _

5 Loving to grab sailor in violent theft (10)

_ _ _ _ _ _ _ _ _ _

A	A	A	A	A	B	B	C
C	C	E	G	H	I	J	J
J	J	J	K	N	N	N	O
O	O	R	R	R	R	U	X

3

1 Overheard sound from drunk yokel (4)

— — — —

2 Future stretcher-bearer to carry Queen and old king (5)

— — — — —

3 Checked item I'd left out (7)

— — — — — — —

4 Take role of party whip (8)

— — — — — — — —

5 Gracious leader from editor included in Times stuff (2,6)

— — — — — — — —

A	B	B	B	C	D	D	E
E	E	E	E	G	G	H	H
I	I	K	L	L	M	O	
O	O	R	R	R	T	U	Y

4

1 Episodes primarily followed by the old viewer (3)

— — —

2 Gardens without nitrogen can be recognised (4)

— — — —

3 Hold note with file (5)

— — — — —

4 Ship's quarters here for English man on board (10)

— — — — — — — — — —

5 Tasty bit of lettuce for lover (10)

— — — — — — — — — —

A	A	A	C	E	E	E	E
E	E	E	E	F	G	H	K
L	N	O	P	R	R	R	S
S	S	T	T	T	W	W	Y

5

1 Alternative directions over-used (4)

— — — —

2 Planet spun on its axis, we're told (5)

— — — — —

3 Ship boarded by one of four military groups (6)

— — — — — —

4 Outcome of division not quite resolved (8)

— — — — — — — —

5 Lay down sheet across uniform after it's put back (9)

— — — — — — — — —

A	A	D	D	E	E	I	I
L	L	N	N	O	O	O	P
Q	Q	R	R	S	S	S	T
T	T	T	U	U	U	W	W

6

1 Horrid-sounding medicine container (4)

— — — —

2 Person hoping for interest in Southern State (5)

— — — — —

3 Tailor loves what you do (5)

— — — — —

4 Really capturing party using words (8)

— — — — — — — —

5 Very bad holiday accommodation, I sense (10)

— — — — — — — — — —

A	A	A	A	B	E	E	E
I	I	I	L	L	L	L	L
L	N	O	O	R	R	S	S
S	U	V	V	V	V	V	Y

7

1 Beam starts to go rotten at home (4)

— — — —

2 Unattached part of missing letter (6)

— — — — — —

3 Active grannie getting paid (7)

— — — — — — —

4 Loss occurred time after time (7)

— — — — — — —

5 Well-informed on key state (8)

— — — — — — — —

A	A	A	A	A	D	E	E
E	E	E	G	G	G	G	I
I	I	L	L	N	N	N	N
R	R	R	S	S	T	W	W

8

1 Raise early morning caller? (4)

— — — —

2 He passed on jumbo with crossword initially in mind (6)

— — — — — —

3 Portable tub has old fashioned one with lead plugs (7)

— — — — — — —

4 Sort of rose out of kinship (7)

— — — — — — —

5 Ably, if no longer freshly (8)

— — — — — — — —

A	B	B	C	C	C	E	E
E	H	H	H	I	I	I	J
K	K	L	N	O	O	P	P
P	R	S	T	T	T	X	Y

9

1 Arne's original papers about C sharp (4)

— — — —

2 No more than fair (4)

— — — —

3 Endures final seconds (5)

— — — — —

4 Is outside broadcast undermining the state? (9)

— — — — — — — — —

5 Publicity material's seemly look, it's said (10)

— — — — — — — — — —

A	A	A	A	A	C	D	D
D	E	G	I	I	I	J	L
N	O	O	P	P	R	S	S
S	S	S	T	T	T	U	U

10

1 Extremities of trout discerned in river (4)

— — — —

2 Around four working in island (5)

— — — — —

3 Dress down in cape and cloak (5)

— — — — —

4 Sail with one bowling round middle of lake (9)

— — — — — — — — —

5 Union entrant successfully creating stir, once (9)

— — — — — — — — —

A	B	C	C	D	D	E	E
E	E	E	E	F	H	I	I
I	K	L	L	N	N	O	P
R	R	R	S	S	T	U	W

11

1 Letters from abroad Vi returned (3)

— — —

2 Do like to chase Juliet for a lark! (4)

— — — —

3 Write piece about India's emperor? (7)

— — — — — — —

4 Hard to fathom Jack's time: a fast one (8)

— — — — — — — —

5 Fabulous creature's charm catching bachelor and bishop with time (6,4)

— — — — — — — — — —

A	A	B	B	B	B	D	E
E	E	G	I	I	I	J	J
J	N	N	P	P	R	R	S
S	S	T	U	U	U	U	X

12

1 Novel penned by fine writer (3)

— — —

2 Bridge player, quiet about crushing defeat, runs off (5)

— — — — —

3 Country with valleys daughter abandoned (5)

— — — — —

4 Exciting experience in a risky project involving duke (9)

— — — — — — — — —

5 Drama series about grand resort area for the rich, perhaps (10)

— — — — — — — — — —

A	A	A	D	D	E	E	E
E	G	H	L	L	N	N	N
O	O	P	R	R	S	S	T
T	U	U	U	V	W	W	Y

13

1 Element of environment (4)

— — — —

2 Little melody's opening note (5)

— — — — —

3 At first, American Psycho calms down (6)

— — — — — —

4 French paper wrapped around a drink (8)

— — — — — — — —

5 Russian plane helping the transit of people (9)

— — — — — — — — —

A	A	A	A	B	D	E	E
E	G	I	I	I	I	I	L
M	M	M	M	N	N	N	N
O	O	O	R	R	S	T	T

14

1 Small corporation's predicament (4)

— — — —

2 Fast food from former years (5)

— — — — —

3 Do up keep after queen's given backing (7)

— — — — — — —

4 Actor on tour taking in N American city (7)

— — — — — — —

5 More noble titles are distributed (9)

— — — — — — — — —

A	A	E	E	E	E	I	L
N	O	O	O	O	O	P	P
R	R	R	R	S	S	S	S
T	T	T	T	T	T	T	Y

15

1 Seductive pants: fine, not soft (4)

— — — —

2 Down the yard briefly with two females (5)

— — — — —

3 He's like Cliff, regularly turning capricious (6)

— — — — — —

4 Moving ten to HQ secretly (2,3,2)

— — — — — — —

5 Not fully alert, sulk calmy back in flat (10)

— — — — — — — — — —

A	A	C	C	E	E	E	F
F	F	F	H	I	K	K	L
L	L	N	O	O	Q	Q	R
S	T	T	T	U	U	X	Y

16

1 Sell wild fruit by the kilo (4)

— — — —

2 Looked like what many British holidaymakers hope to do? (6)

— — — — — —

3 Dull second half of epistemology broadcast (6)

— — — — — —

4 Satellite TV and cable showing Horizon (7)

— — — — — — —

5 Bird with separate crest (9)

— — — — — — — — —

A	A	D	D	E	E	E	E
E	G	G	H	I	I	K	K
L	L	M	M	N	O	O	P
R	R	S	S	T	W	Y	Y

17

1 Proceed to satisfy examiners (4)

— — — —

2 Office initially held by male a year? (5)

— — — — —

3 The same money for senior member (5)

— — — — —

4 Pierrot excited a city (8)

— — — — — — — —

5 Fellow in the picture could give a dying roar! (6,4)

— — — — — — — — — —

A	A	A	A	A	D	D	E
E	G	I	I	M	N	N	O
O	O	O	P	P	R	R	R
R	R	S	S	T	Y	Y	Y

18

1 Telegraph's leader in wild fury (4)

— — — —

2 Long period of time, close to aeon (5)

— — — — —

3 Scoundrel in part of church called out (5)

— — — — —

4 Popular old police collaborator (8)

— — — — — — — —

5 Bird has fruitcake and wafer biscuit (10)

— — — — — — — — — —

A	A	A	C	C	E	E	E
E	E	F	I	I	K	K	M
N	N	N	N	O	R	R	R
R	R	R	T	U	V	W	Y

19

1 Slight reduction (3)

— — —

2 Harps playing out of tune (5)

— — — — —

3 Take part that's left away from whole (7)

— — — — — — —

4 Cover fringes of sash, say (7)

— — — — — — —

5 Minister's opportunity to turn back (10)

— — — — — — — — — —

A	A	C	C	C	C	E	E
E	E	H	H	H	L	L	M
N	O	O	P	P	R	R	R
S	S	T	T	T	T	U	U

20

1 Crosspatch partly responsible for petty quarrel (4)

— — — —

2 New undertaking in support of a charity, ultimately (5)

— — — — —

3 Farmhouse with outbuildings is good distance (6)

— — — — — —

4 Unwanted matter bishop kept in lockup (7)

— — — — — — —

5 Keep firm grip (10)

— — — — — — — — — —

A	A	A	A	A	B	D	E
E	F	G	G	G	G	G	H
L	N	N	O	O	O	P	R
R	R	R	S	S	T	T	Y

21

1 Drink causing fall (4)

_ _ _ _

2 A mere game (4)

_ _ _ _

3 Little wriggler invariably without money (5)

_ _ _ _ _

4 Cooks settle in Dutch province (9)

_ _ _ _ _ _ _ _ _

5 Where Will's misinterpreted, he's for you! (4-6)

_ _ _ _ _ _ _ _ _ _

A	D	D	E	E	E	E	E
F	H	I	I	L	L	L	L
L	N	O	O	O	P	P	R
R	R	R	S	S	V	W	W

22

1 Don't allow doctor to have nothing on (4)

_ _ _ _

2 He drew squad back, keeping close to men (5)

_ _ _ _ _

3 Force the writer's agreement (6)

_ _ _ _ _ _

4 Increasingly impetuous lady's drinking wine (7)

_ _ _ _ _ _ _

5 Most critical individual memorial (10)

_ _ _ _ _ _ _ _ _ _

A	A	A	A	C	E	E	E
E	E	G	H	I	I	M	M
N	N	O	O	P	R	R	S
S	T	T	T	T	T	V	V

1 Fish to cook rarely when gutted (4)

— — — —

2 Run for your life at work? (6)

— — — — — —

3 Bargain goods in robust wrapping (6)

— — — — — —

4 Street crime features alcohol, gallons (7)

— — — — — — —

5 King George, concealing smile, put on austere personality (9)

— — — — — — — — —

A	A	A	C	D	D	D	E
E	E	G	G	G	G	G	G
G	H	I	I	L	M	N	N
O	R	R	R	R	R	U	Y

1 Hot drink that's strong (4)

— — — —

2 Conservative remains in funds (4)

— — — —

3 Ruler about to enter procession (7)

— — — — — — —

4 Journalist saying something cutting (7)

— — — — — — —

5 Athlete in small, trendy club (4-6)

— — — — — — — — — —

A	A	A	A	A	C	C	C
E	E	H	H	H	H	H	K
L	M	N	O	O	P	R	R
S	S	S	T	T	T	U	W

25

1 Imaginary line of a boundary pushed back (4)

— — — —

2 Sort of pastry we can sometimes be out of! (4)

— — — —

3 Bird strikes trellis fences (7)

— — — — — — —

4 Dumps bachelor to be with setter? No! (5,3)

— — — — — — — —

5 Procession that's to do somehow with a merc? (9)

— — — — — — — — —

A	A	A	B	C	C	D	D
E	E	E	F	F	G	I	K
K	L	L	M	O	O	O	P
R	R	S	S	T	T	U	X

26

1 From spring, release the odd farm animal (3)

— — —

2 Crooked cardinals demand to go first (5)

— — — — —

3 Please repeat that absolution (6)

— — — — — —

4 Promise to join doctor at brothel (9)

— — — — — — — — —

5 Behind addition of 10 rupees to bill (9)

— — — — — — — — —

A	A	A	B	D	E	E	E
G	H	I	I	K	L	N	O
O	O	O	P	P	P	R	R
R	R	S	S	T	T	T	W

27

1 Flick through small novel depicting India (4)

_ _ _ _

2 Suggest Biblical character's dressed fine (5)

_ _ _ _ _

3 Stiff fabric from male animals (7)

_ _ _ _ _ _ _

4 Youngster's family hide (7)

_ _ _ _ _ _ _

5 A club, perhaps the knave of clubs (9)

_ _ _ _ _ _ _ _ _

A	A	A	B	B	C	C	C
D	E	E	I	I	I	J	K
K	K	K	K	K	K	L	M
M	N	O	R	S	S	U	V

28

1 Race of woodland giants? (4)

_ _ _ _

2 Patron setting aside cents for shopkeeper (5)

_ _ _ _ _

3 Defect sustained in regrettable mishap (7)

_ _ _ _ _ _ _

4 Fly Paul around for fun (7)

_ _ _ _ _ _ _

5 Was scared of holding onto article down-loaded? (9)

_ _ _ _ _ _ _ _ _

A	A	A	A	B	B	D	E
E	E	E	E	F	F	H	H
I	K	K	L	L	L	M	O
P	R	R	S	S	T	U	Y

29

1 Tear in sweater I purchased (3)

— — —

2 Short blade in vehicle (3)

— — —

3 See this shellfish in ridge, right away (6)

— — — — — —

4 River Test plants may be so described? (10)

— — — — — — — — — —

5 At sea, our violent mutiny (10)

— — — — — — — — — —

A	A	D	E	E	I	I	I
I	I	K	L	L	L	N	N
N	N	O	O	P	R	R	R
S	T	T	U	U	V	V	W

30

1 Patient admitted by clinic as emergency (4)

— — — —

2 Gloss noticed around hotel (5)

— — — — —

3 Utter wreck (5)

— — — — —

4 In favour of proposal for advancement (9)

— — — — — — — — —

5 Copy of procedure redistributed (9)

— — — — — — — — —

A	A	C	C	D	E	E	E
E	E	H	I	L	M	N	N
O	O	O	O	O	P	P	R
R	R	S	S	T	T	T	U

31

1 Encouraging cry for stupid person (4)

— — — —

2 Story to lose tension before drama's end (4)

— — — —

3 Puzzle oaf follows fine (7)

— — — — — — —

4 A new index covering a couple of pages extra in book (8)

— — — — — — — —

5 Send abroad partner once attired badly (9)

— — — — — — — — —

A	A	A	A	D	D	E	E
E	F	G	G	I	I	L	M
M	N	N	O	O	O	P	P
R	S	T	T	U	X	X	X

32

1 Two thirds of French sauce (4)

— — — —

2 Okay to hold onto a rook for a long time (5)

— — — — —

3 Poor actor allowed in play (6)

— — — — — —

4 Eg, drive wildly and go in different directions (7)

— — — — — — —

5 Special act's finale following contortionists, perhaps (10)

— — — — — — — — — —

A	A	A	D	E	E	E	E
E	E	G	G	H	I	L	L
L	L	M	M	N	P	P	R
R	S	S	T	T	U	V	Y

33

1 Hackneyed beginning to short story (5)

— — — — —

2 Go off in opposite directions, as correspondents did? (5)

— — — — —

3 Refuse beastly family? (6)

— — — — — —

4 Skinned small fat duck (7)

— — — — — — —

5 Standard article brought in to assist divisive regime (9)

— — — — — — — — —

A	A	A	A	A	D	D	E
E	E	E	H	I	I	L	L
L	L	M	O	P	R	R	R
R	S	T	T	T	T	T	W

34

1 Wind's blown through this Scottish coastal area (4)

— — — —

2 Jeer? That is not on! (5)

— — — — —

3 Far-reaching browser error involving endless ire (7)

— — — — — — —

4 Veggie snack, note, all fresh, filled with iron (7)

— — — — — — —

5 Weary man, one with standards to uphold (9)

— — — — — — — — —

A	A	A	A	A	C	E	E
E	F	F	F	F	F	F	F
F	F	F	F	G	G	I	I
L	L	L	O	R	S	S	T

35

1 Release without charge (4)

— — — —

2 Sound opening in pedestrian style? (4)

— — — —

3 These wines may be red or white? (5)

— — — — —

4 Deceive maiden before I fall for another one (9)

— — — — — — — — —

5 A breather sorted out last of back pain (10)

— — — — — — — — — —

A	A	A	B	E	E	E	E
E	F	F	G	H	I	I	I
K	M	M	N	O	O	R	R
R	R	R	S	S	S	T	T

36

1 Vagabond heading off left (4)

— — — —

2 Design interior of fine temporary home (6)

— — — — — —

3 A new currency eclipsing one that's old (7)

— — — — — — —

4 Greek character failing to satisfy South American (7)

— — — — — — —

5 Present force invading foreign ground (8)

— — — — — — — —

A	A	C	C	E	E	E	E
E	F	F	G	H	I	I	I
I	L	N	N	N	N	N	N
O	O	R	R	T	T	T	V

37

1 On stage (3)

— — —

2 Expletive used in set-to at home (4)

— — — —

3 Have in cheese, and chocolate cake (7)

— — — — — — —

4 Reminiscent of Marple's last case (9)

— — — — — — — — —

5 Increase control by coercion (9)

— — — — — — — — —

A	A	B	C	C	E	E	E
E	E	E	F	G	H	I	I
I	L	N	N	O	O	O	O
R	R	R	T	T	V	V	W

38

1 Toy revolver? (3)

— — —

2 Good to have free power source (4)

— — — —

3 One directs players to remain at wicket (5)

— — — — —

4 Collection and delivery leading to court contest (10)

— — — — — — — — — —

5 Movement of navy once ordered by church (10)

— — — — — — — — — —

A	A	A	A	B	B	B	C
C	D	E	E	E	G	I	K
L	L	N	N	N	O	O	O
P	R	S	T	T	T	V	Y

39

1 Just beat one very quietly on the flanks (3)

— — —

2 Cloak's wide pockets shrunk with spinning (4)

— — — —

3 US native put out inside information (6)

— — — — — —

4 French father and daughter holding back tears, sweated (9)

— — — — — — — — —

5 In despair, start to patch tatty trousers (10)

— — — — — — — — — —

A	A	A	C	D	D	D	E
E	E	E	I	I	I	I	K
N	O	O	P	P	P	P	P
P	P	R	R	R	S	S	T

40

1 Tech entrepreneur, and what he could create (4)

— — — —

2 Big car's lost round a capital city (4)

— — — —

3 What's worn when retiring from close game (7)

— — — — — — —

4 Philosopher working for a group of men (7)

— — — — — — —

5 One celibate woman having trysts is overwhelming (10)

— — — — — — — — — —

A	A	A	B	D	E	G	G
H	I	I	I	I	I	J	L
L	M	N	N	N	N	N	O
O	O	P	S	T	T	T	U

41

1 Looked good with a small amount of sleep, perhaps (5)

— — — — —

2 Expand part of Sadler's Wells (5)

— — — — —

3 That lady's pocketing advert for eyewear (6)

— — — — — —

4 American colonist with colony member's flag (7)

— — — — — — —

5 Rodent biting hotel cat around whiskers (9)

— — — — — — — — —

A	A	A	A	C	D	D	E
E	E	E	E	G	H	H	L
L	M	N	N	O	P	S	
S	S	S	T	T	U	W	Z

42

1 Expensive, some hand-made articles (4)

— — — —

2 Quarrel in public school? Not hard! (5)

— — — — —

3 Pick a yellowish-white colour (5)

— — — — —

4 Reckon I'm coming into property (8)

— — — — — — — —

5 Conventional mother at home, master out (10)

— — — — — — — — — —

A	A	A	A	A	A	C	D
E	E	E	E	E	I	I	M
M	M	M	N	O	R	R	R
R	R	S	S	T	T	T	W

43

1 Useful advice ends (4)

— — — —

2 Froth up last of fizzy drink (6)

— — — — — —

3 Nobleman in Paris who divides spoils (7)

— — — — — — —

4 Treatment to please old boy retiring on station (7)

— — — — — — —

5 Bird going down low across lake (8)

— — — — — — — —

A	A	B	C	C	D	E	G
H	I	I	I	K	K	L
L	M	N	O	P	P	Q	R
S	S	S	T	U	U	W	Y

44

1 Spread out with good canine? (4)

— — — —

2 Poet performed out loud (5)

— — — — —

3 Directors penning lines for prominent post (7)

— — — — — — —

4 Ghost in Christmas play capturing hearts and minds, initially (7)

— — — — — — —

5 Unwanted load of muddled notes on philosopher (9)

— — — — — — — — —

A	A	A	B	D	D	E	E
F	G	H	I	L	L	L	L
M	M	N	N	N	N	N	O
O	O	O	P	R	S	T	T

45

1 Fish head back, heading for Atlantic (4)

— — — —

2 One in the lead is full of himself (4)

— — — —

3 Day with mischievous ruler (7)

— — — — — — —

4 Reasonable price to follow fashion (8)

— — — — — — — —

5 Erstwhile conflict is spreading (9)

— — — — — — — — —

A	A	A	A	C	D	E	E
E	E	H	I	I	M	M	N
N	N	N	N	O	O	O	R
R	S	T	T	T	U	V	X

46

1 Time for beginners to do as you say (4)

— — — —

2 Cambridge's three-quarters? (5)

— — — — —

3 Fool laid into match umpire (5)

— — — — —

4 Moll's field (8)

— — — — — — — —

5 Big worry about angry writer (5,5)

— — — — — — — — — —

A	A	A	A	B	C	C	C
D	D	D	E	E	F	H	I
K	L	L	M	N	O	P	R
R	S	S	S	S	U	W	Y

1 So endlessly indisposed (3)

_ _ _

2 Unfair Olga should hold her back (6)

_ _ _ _ _ _

3 Might hosts nod helplessly for some hours? (6)

_ _ _ _ _ _

4 Passing time, managed to rest (7)

_ _ _ _ _ _ _

5 Australia, many said, mistreated old ruler (10)

_ _ _ _ _ _ _ _ _ _

A	A	A	A	A	C	D	D
G	I	I	I	I	L	M	M
N	N	N	O	O	O	R	R
S	S	S	T	T	Y	Y	Z

1 One's taken in hospital, in pain (4)

_ _ _ _

2 Criminal caught before swindle (5)

_ _ _ _ _

3 Never mind catching pests! (6)

_ _ _ _ _ _

4 Record I state is consistent (7)

_ _ _ _ _ _ _

5 Like to receive benefit money for older child (10)

_ _ _ _ _ _ _ _ _ _

A	A	A	C	C	C	C	D
E	E	E	E	G	H	I	I
K	L	L	L	M	N	N	O
O	O	O	R	R	S	T	V

49

1 Three months for American trip? (4)

— — — —

2 Duck missing river in Chesterfield (5)

— — — — —

3 Time inside good for soul (6)

— — — — — —

4 Sent out *livre* to a French writer (8)

— — — — — — — —

5 Plonk her in empty shed for farmhand (9)

— — — — — — — — —

A	A	A	C	C	D	E	E
E	F	H	H	I	I	L	L
L	L	M	N	O	O	O	R
R	R	S	T	T	U	V	W

50

1 Show disapproval of abridged novel, perhaps (3)

— — —

2 Keep out of Toronto we reckon (5)

— — — — —

3 Sickly-looking small child's coat (7)

— — — — — — —

4 Blow for farmhand at work in the sun? (8)

— — — — — — — —

5 Conscious about male's feeling (9)

— — — — — — — — —

A	A	A	B	E	E	E	E
E	H	I	K	L	M	M	N
N	O	O	O	O	P	R	R
S	T	T	T	T	T	W	Y

51

1 Dance circle lost member (4)

— — — —

2 Part of book put in behind — exactly! (5)

— — — — —

3 Place in America after depression recalled (5)

— — — — —

4 Famous athlete one got hold of on flight? (9)

— — — — — — — — —

5 Bottoms the way in night club entertainment (5,4)

— — — — — — — — —

A	B	B	C	D	E	E	F
H	I	I	I	L	L	L	M
N	N	N	O	O	O	O	R
R	S	S	S	T	U	W	X

52

1 Refusal to pull back briefly (3)

— — —

2 Leads in guy arrested round Dublin area, does one? (5)

— — — — —

3 Indicate perimeter: run to the end (6)

— — — — — —

4 Woman bearing to follow Tories (9)

— — — — — — — — —

5 Big scraps with not all getting to vote? (9)

— — — — — — — — —

A	A	A	A	A	B	C	C
D	E	E	F	G	G	G	I
I	L	L	N	N	N	N	N
O	O	R	R	S	T	T	Y

53

1 Amphibian went flying (4)

_ _ _ _

2 Lighting Charlie has to deal with in EastEnders (6)

_ _ _ _ _ _

3 Many stars, two unidentified attending function (6)

_ _ _ _ _ _

4 Training to fight in spring with resistance group (8)

_ _ _ _ _ _ _ _

5 What priest often does with gold vessels (8)

_ _ _ _ _ _ _ _

A	A	A	A	C	D	E	E
G	G	H	I	I	L	L	N
N	N	O	P	P	R	R	R
S	S	S	T	W	W	X	Y

54

1 Trendy Greek character pushing piano along (3)

_ _ _

2 Weight of some cargo uncertain (5)

_ _ _ _ _

3 The foot, or another part of one's anatomy? (6)

_ _ _ _ _ _

4 Count on English chief (6,3)

_ _ _ _ _ _ _ _

5 Burst into tears in WHSmith? (9)

_ _ _ _ _ _ _ _ _

A	B	B	C	E	E	E	E
H	I	I	M	M	N	N	N
N	O	O	O	O	O	P	R
R	S	T	T	T	T	U	U

1 Openers in Derbyshire innings set cricketing record (4)

— — — —

2 Stiff drink or two, right at the end (6)

— — — — — —

3 Page about super sort of dwelling (6)

— — — — — —

4 Show age wearing short trousers (7)

— — — — — — —

5 Change back row (9)

— — — — — — — — —

A	A	A	A	A	A	B	B
C	C	D	E	E	E	E	E
F	G	G	I	N	N	P	P
R	R	R	R	R	R	S	T

1 Overturned drink stopper (4)

— — — —

2 Annoying broadcaster following gym class (5)

— — — — —

3 Least ornamental drinking den is in Paris (6)

— — — — — —

4 Large whiskey followed by jumping around (8)

— — — — — — — —

5 Great dog following right course (9)

— — — — — — — — —

A	A	A	B	C	C	E	E
E	G	G	H	I	K	K	L
N	O	P	P	P	P	R	R
R	S	S	T	T	U	W	Y

57

1 Care for Israel's last president (4)

— — — —

2 Tolerance shown by non-ministers securing vote (6)

— — — — — —

3 Evil women's chosen leader must leave (6)

— — — — — —

4 Milled grain containing a drop of vanilla essence (7)

— — — — — — —

5 Take off in pursuit of fat admiral, possibly (9)

— — — — — — — — —

A	A	B	C	D	E	E	E
F	F	I	I	I	K	K	L
L	L	L	O	R	R	T	T
T	U	U	V	W	X	Y	Y

58

1 Ladies' fingers turned vessel round (4)

— — — —

2 Irishman calls for attention in regional dialect (6)

— — — — — —

3 A gee-gee seen in yard, tailless old creature (6)

— — — — — —

4 Drunk IPA at all? Splendid! (8)

— — — — — — — —

5 A Tory in with a cold-blooded tree hugger (8)

— — — — — — — —

A	A	A	A	A	A	A	A
A	A	C	D	G	G	I	I
K	L	L	N	N	O	O	O
P	P	Q	R	S	T	T	U

59

1 Hands back for exchange (4)

— — — —

2 Top dog it's said (4)

— — — —

3 Border protest? (5)

— — — — —

4 Crowd's lessons in swindling? (9)

— — — — — — — — —

5 In place of amusement, just crushed (10)

— — — — — — — — — —

A	A	A	A	C	C	C	D
E	E	F	G	H	I	K	M
N	N	O	O	O	P	P	R
R	R	R	S	S	U	U	W

60

1 Fashionable new hostelry (3)

— — —

2 Follow story on the radio (4)

— — — —

3 Fellow cut rent for wooden villa (6)

— — — — — —

4 Find nightclub so (9)

— — — — — — — — —

5 Female author, remarkably tiny blonde (4,6)

— — — — — — — — — —

A	A	B	C	C	D	D	E
E	E	H	I	I	I	I	L
L	L	N	N	N	N	O	O
R	S	T	T	T	V	Y	Y

61

1 I see British ship's captain (4)

— — — —

2 Suspicious and tired, dispensing with stimulant (4)

— — — —

3 Opera heroine to exhibit sadness and mockery (7)

— — — — — — —

4 Knight gets good deal on weapon (8)

— — — — — — — —

5 Facial feature has to hurt pierced by a ring (9)

— — — — — — — — —

A	A	A	A	A	B	C	C
C	E	E	H	H	I	I	L
L	M	M	M	N	O	O	R
R	S	T	T	U	W	Y	Y

62

1 Twelve leaving do in Japanese school (3)

— — —

2 Stop xenophobia holding back major show (4)

— — — —

3 Old Roman Catholic in seedy club in Split (7)

— — — — — — —

4 True, oddly: note left time for instruction (8)

— — — — — — — —

5 I'm chattier after revising school subject (10)

— — — — — — — — — —

A	A	C	C	D	E	E	E
E	E	E	G	H	I	I	I
L	M	N	O	O	P	R	R
T	T	T	T	U	V	X	Z

1 Tail-enders in group are lacking a little spirit (3)

— — —

2 On board it's primarily linked with snake (6)

— — — — — —

3 Various students collectively turned teetotal (6)

— — — — — —

4 Opening words from judge stopping march (7)

— — — — — — —

5 Run over injured ladies, causing outrage (10)

— — — — — — — — — —

A	A	A	A	C	C	D	D
D	D	E	E	E	E	E	F
G	I	L	L	N	N	P	P
R	R	R	S	S	S	U	Y

1 Take in dessert (4)

— — — —

2 Fish a final section (4)

— — — —

3 Correct husband for this girl (5)

— — — — —

4 One's drawing ability? (9)

— — — — — — — — —

5 He gets one upset about new monument (10)

— — — — — — — — — —

A	A	C	D	D	E	E	E
E	E	F	G	G	H	H	I
I	L	M	M	N	N	N	O
O	O	O	S	S	T	T	T

65

1 Millions exploit source of inspiration (4)

_ _ _ _

2 Grand party is solemn (5)

_ _ _ _ _

3 Duck by swamp turned grotesque? (6)

_ _ _ _ _ _

4 Used last of batter and bananas, coating queen's fritter (8)

_ _ _ _ _ _ _ _

5 Choose baton and echo conductor (9)

_ _ _ _ _ _ _ _ _

A	A	B	C	D	D	E	E
E	E	E	E	G	G	I	L
L	M	N	N	O	O	Q	R
R	R	S	S	T	U	U	V

66

1 Number to keep secret and secure (3)

_ _ _

2 Answer means to get off (4)

_ _ _ _

3 Polish considered hard to take in (5)

_ _ _ _ _

4 Pitmen shun changes that might be fine (10)

_ _ _ _ _ _ _ _ _ _

5 Transformed art in every sort of surgery (10)

_ _ _ _ _ _ _ _ _ _

A	A	A	E	E	E	E	E
H	H	I	I	I	M	N	N
N	N	N	P	P	R	R	S
S	T	T	U	V	W	Y	Y

67

1 Half of Tory party makes a fuss (2-2)

— — — —

2 Sigh of relief not many heard (4)

— — — —

3 A truly groundbreaking device (7)

— — — — — — —

4 Bug engineers installed on the quiet (2,6)

— — — — — — — —

5 Cocktail of hate sours this writer (9)

— — — — — — — — —

A	A	C	C	D	E	E	E
E	E	H	H	I	I	K	N
O	O	O	P	P	R	R	S
S	S	T	T	T	U	W	X

68

1 Dessert sent back, last of apple fool (4)

— — — —

2 Following behind unattractive woman (5)

— — — — —

3 United supporters returned in a mess (5)

— — — — —

4 Wife was sick and miserable (8)

— — — — — — — —

5 Hearing of busy gangster's source of income (10)

— — — — — — — — — —

A	C	D	D	D	E	E	E
E	F	F	H	H	I	I	L
L	M	N	O	O	P	P	R
R	S	T	U	U	U	V	W

69

1 Sheep in wood, by the sound of it (3)

— — —

2 Exemplary Medical Officer was first to retire (5)

— — — — —

3 Game ending in draw, his last in event (5)

— — — — —

4 Speech about extremely profitable enterprise (9)

— — — — — — — — —

5 Docile pair running magazine? (10)

— — — — — — — — — —

A	A	C	D	D	E	E	E
E	E	H	I	I	I	I	L
L	M	N	O	O	O	O	P
P	R	R	S	T	T	W	W

70

1 Ruin a foreign affair (4)

— — — —

2 Exclusive small shop (5)

— — — — —

3 Bill about to retire at the end of job (6)

— — — — — —

4 Hitched a ride with Mr Messy (7)

— — — — — — —

5 Local acclaim for creativity (10)

— — — — — — — — — —

A	A	C	D	D	E	E	I
I	I	M	N	N	N	N	O
O	O	O	O	O	P	P	R
R	R	S	S	T	T	U	V

71

1 Send up tips on this folk story (3)

— — —

2 Make mum regret skirting round question (6)

— — — — — —

3 Removal of hair growing (6)

— — — — — —

4 Heavy type of book with familiar features (4,4)

— — — — — — — —

5 One very old verse captured by Liszt, oozing spirit (9)

— — — — — — — — —

A	A	A	B	C	D	E	E
F	G	I	I	I	K	L	L
M	N	O	O	Q	R	S	S
T	U	V	V	W	X	Y	Z

72

1 Flightless bird in browner heather (4)

— — — —

2 Put the lid on alcoholic drink (6)

— — — — — —

3 Old woman earning in resort (7)

— — — — — — —

4 Saw name of dog inside lead (7)

— — — — — — —

5 Second team, bottom (8)

— — — — — — — —

A	A	A	B	B	C	C	C
D	E	E	E	E	G	H	H
I	I	K	N	N	O	O	P
R	R	R	R	S	S	T	V

73

1 Crack supply, but no ecstasy (4)

— — — —

2 Source of ferment from unknown direction (5)

— — — — —

3 Dimensions of old shelter (6)

— — — — — —

4 Ravaged Syria, the uncontrolled state (8)

— — — — — — — —

5 Sense of shame at including party pieces (9)

— — — — — — — — —

A	A	A	A	B	E	E	E
E	E	H	H	I	I	M	N
N	P	Q	R	S	S	S	T
T	T	T	T	U	X	Y	Y

74

1 Formerly seen in concert (4)

— — — —

2 Player taking bow for part in Twelfth Night (5)

— — — — —

3 Person who's near Reims on travels (5)

— — — — —

4 Solution for keeping Cotswolds clean? (5,3)

— — — — — — — —

5 Go carefully — I see today's stormy (4,4,2)

— — — — — — — — — —

A	A	C	D	D	E	E	E
E	E	E	H	I	I	I	I
L	M	N	O	O	O	P	P
R	S	S	S	S	T	V	Y

75

1 My old wife's put on weight (3)

— — —

2 Sort of light busload, regularly in a flap (5)

— — — — —

3 Spectator and jockey used to be, briefly (6)

— — — — — —

4 Lizard, small, blue, originally whizzing round empty room (8)

— — — — — — — —

5 Our side concerned with football team's horrible howlers! (10)

— — — — — — — — — —

A	E	E	E	E	E	I	L
L	L	M	O	O	O	O	R
R	R	S	S	U	U	V	V
V	W	W	W	W	W	W	W

76

1 A problem? According to Cicero I am (3)

— — —

2 Leisurely traveller to cruise round north (5)

— — — — —

3 Hubby's back, after dropping an E (6)

— — — — — —

4 He might wield a spade, making you duck (9)

— — — — — — — — —

5 Tossed and turned, unwanted (9)

— — — — — — — — —

A	A	D	D	E	E	E	E
H	I	L	L	L	M	N	N
N	O	O	P	R	R	S	S
S	S	S	T	U	U	U	V

77

1 Split payment for accommodation (4)

— — — —

2 Small creature about to replace duck in exhibition (5)

— — — — —

3 Criminal blamed for furore (6)

— — — — — —

4 Most of pornographic cast looked embarrassed (7)

— — — — — — —

5 Attractive network put back, causing irritation (10)

— — — — — — — — — —

A	B	B	B	C	D	D	E
E	E	E	E	G	H	H	H
I	I	L	L	M	N	N	R
R	S	S	T	T	U	W	W

78

1 Cry with distress (4)

— — — —

2 Land of no consequence (5)

— — — — —

3 Composer's supporters welcoming him on vacation (6)

— — — — — —

4 In Asia, transport piles of corn and fruit (8)

— — — — — — — —

5 Pretentious rambling readings with zero content (9)

— — — — — — — — —

A	A	A	A	B	C	D	E
G	G	H	H	H	I	I	I
I	K	L	L	M	N	O	R
R	R	S	S	S	T	W	W

1 Royal family at opening of games (4)

— — — —

2 Skill shown in service in court (5)

— — — — —

3 Correspond in a foreign language endlessly (5)

— — — — —

4 Not committed to deliver on idea (5-4)

— — — — — — — —

5 Pub contact supplies cheap ring? (5,4)

— — — — — — — — —

A	A	A	A	A	C	C	C
C	E	E	E	E	F	F	F
G	G	I	K	L	L	L	L
N	N	O	R	R	R	T	Y

1 Chief European state (5)

— — — — —

2 Biblical book belonging to priest here (6)

— — — — — —

3 Monster with very novel name (6)

— — — — — —

4 Food: lots after end of Ramadan (7)

— — — — — — —

5 Solitary comic, supporter of the monarchy (8)

— — — — — — — —

A	A	D	E	E	E	E
H	I	I	L	L	M	N	N
N	O	O	O	R	R	R	S
S	S	T	T	V	W	Y	Y

81

1 Tasteless female admirer rejected (4)

— — — —

2 Loud and clever story (5)

— — — — —

3 Food from animals not on a plate for driver? (5)

— — — — —

4 Laughed, hugely impressed by rubbish (8)

— — — — — — — —

5 Advocate of union dined with monarch and celebs (10)

— — — — — — — — — —

A	A	A	A	A	B	D	D
E	E	E	E	F	F	F	F
F	F	F	F	G	I	L	L
L	N	O	R	S	T	U	W

82

1 Vain office worker taking her time last year (5)

— — — — —

2 Propitious start for governor of yore (6)

— — — — — —

3 Old relative, say, returning home in the country (6)

— — — — — —

4 British leader leaving old Dutch money for mason (7)

— — — — — — —

5 Emperor: his refusal to accept a staff (8)

— — — — — — — —

A	A	B	D	D	E	E	E
E	E	G	G	G	I	L	L
L	M	N	N	N	N	O	O
O	P	P	R	R	T	U	Y

83

1 Ring number that's dead? (4)

_ _ _ _

2 Christmas present that's got finally from your right hand (5)

_ _ _ _ _

3 Bargain goods in robust packaging (6)

_ _ _ _ _ _

4 Catch, eg, his FM broadcast (7)

_ _ _ _ _ _ _

5 Resignation notice in one sense immoral (10)

_ _ _ _ _ _ _ _ _ _

A	E	E	F	G	G	G	H
H	H	I	I	I	I	L	L
L	M	M	N	O	O	Q	R
R	S	S	T	T	U	U	Y

84

1 Dope that comes wrapped in tin foil (4)

_ _ _ _

2 Crime of penniless priest (5)

_ _ _ _ _

3 Regrets absence of unmarried women (6)

_ _ _ _ _ _

4 Author has tart and last bit of cake (8)

_ _ _ _ _ _ _ _

5 Cut back, slipping on some ice (9)

_ _ _ _ _ _ _ _ _

A	C	E	E	E	E	F	I
I	I	L	L	M	M	N	N
N	O	O	O	O	O	O	P
R	R	S	S	S	S	S	T

85

1 Distance vehicle travels in reverse (4)

— — — —

2 State of ignorance that's not fair (4)

— — — —

3 Advanced fifty in New Year (5)

— — — — —

4 Lively pair in attractive clothing (9)

— — — — — — — — —

5 Simple way in which to enjoy affluence (4,6)

— — — — — — — — — —

A	A	A	A	D	D	E	E
E	E	G	H	I	K	L	L
P	R	R	R	R	R	S	S
S	T	T	T	Y	Y	Y	Y

86

1 Kind of star, say, making a comeback (5)

— — — — —

2 Dance, following live sort of music (5)

— — — — —

3 Landowner's small quantity of leaves (6)

— — — — — —

4 Honoured always, welcomed by one like Castro (7)

— — — — — — —

5 Gives swimmer a welcoming gesture (9)

— — — — — — — — —

A	A	B	B	D	D	E	E
E	E	E	E	E	G	H	H
I	K	N	N	O	P	Q	R
R	R	S	S	S	U	U	V

87

1 Sound frustrated when vision curtailed (4)

— — — —

2 Remember knowledge overwhelms him? (4)

— — — —

3 One goes to Northern Ireland, after border resort (6)

— — — — — —

4 Star worried about son encountering danger (8)

— — — — — — — —

5 Enthusing wildly about head of retail's late tender? (5,5)

— — — — — — — — — —

A	B	E	E	E	G	G	H
H	I	I	I	I	I	I	K
K	M	N	N	N	R	R	R
R	S	S	S	S	T	T	U

88

1 Top — or bottom after defeat, finally (5)

— — — — —

2 Advertisement in job centre in Beverley (6)

— — — — — —

3 Fresh issue involving first of tennis sets (6)

— — — — — —

4 Lord pinning one on settler (7)

— — — — — — —

5 Female with new energy after a dance (8)

— — — — — — — —

A	A	D	E	E	E	E	F
G	I	I	M	N	N	N	O
O	O	P	P	P	R	R	R
S	S	S	T	T	T	U	U

89

1 Hospital, completely public building (4)

— — — —

2 Weather primarily affected English wine (5)

— — — — —

3 Very hot water may flow through it (6)

— — — — — —

4 Rather disheartened guards develop firearm (8)

— — — — — — — —

5 Academic to confirm men in service (9)

— — — — — — — — —

A	E	E	E	E	F	G	H
H	I	I	I	L	L	L	N
O	O	O	P	P	P	R	R
R	R	S	S	T	V	V	W

90

1 For example good cooking ingredient (3)

— — —

2 TV doctor has a word to stop hack (4)

— — — —

3 Not a minor form of education (5)

— — — — —

4 Brawl that warrants no charges? (4-3-3)

— — — — — — — — — —

5 Destroy book after nothing gets learned (10)

— — — — — — — — — —

A	A	A	A	B	D	E	E
E	E	E	F	F	G	G	H
I	L	L	L	L	O	O	O
R	R	R	T	T	T	U	W

91

1 Wife to succour young creature (5)

— — — — —

2 Group in power getting pretentious (5)

— — — — —

3 Old man or woman's yearly expenditure (6)

— — — — — —

4 French food is French, eating a load (8)

— — — — — — — —

5 Meat cut to keep moist in pan (8)

— — — — — — — —

A	A	A	A	A	B	C	E
E	E	E	G	H	L	L	M
N	O	P	P	P	R	R	R
S	S	T	T	T	W	Y	

92

1 Female expert a mug? (4)

— — — —

2 Idiots pinching article sent back in disgrace (5)

— — — — —

3 Patron's answer ignored by foreigner in court (6)

— — — — — —

4 Solitary male composer rejected job (8)

— — — — — — — —

5 Ginger added here when cooking (3-6)

— — — — — — — — —

A	A	A	A	B	C	C	C
D	D	D	E	E	E	E	E
E	F	H	H	I	I	L	L
N	N	O	R	R	S	T	T

93

1 Some up in elm tree (4)

— — — —

2 In addition, luxurious hotel omitted (4)

— — — —

3 Very loud song about a French amusement park (7)

— — — — — — —

4 Visitor stumped nature reserve official (8)

— — — — — — — —

5 Stole up on idler relaxing (9)

— — — — — — — — —

A	A	D	E	E	E	F	F
G	I	I	I	L	L	N	N
N	N	O	P	P	P	R	R
R	R	S	S	T	U	U	U

94

1 Sort of cross beam that's used for carrying (4)

— — — —

2 Loud complaint from UK: queen was out of order (6)

— — — — — —

3 VIP's girlfriend I hugged by mistake (3,4)

— — — — — — —

4 Nothing about poem in part of American's address (3,4)

— — — — — — —

5 Unwanted post occupied by Spooner's criminal brothers? (4,4)

— — — — — — — —

A	A	A	B	C	D	E	F
G	H	I	I	I	I	J	K
K	L	M	N	O	P	Q	R
S	S	T	U	U	W	Y	Z

95

1 Gavrilo Princip, perhaps, apprehended by passer-by (4)

— — — —

2 Join Labour (5)

— — — — —

3 Maidens in rowdy group like a port (7)

— — — — — — —

4 Flustered mechanic losing head in driving test? (7)

— — — — — — —

5 Reserved series of books with traveller in it (9)

— — — — — — — — —

A	A	A	A	B	B	C	C
E	E	E	F	G	H	I	I
M	M	N	N	O	O	R	R
R	R	S	S	T	T	T	V

96

1 Up, endlessly, making wine (4)

— — — —

2 Top game (4)

— — — —

3 Girl in overalls (4)

— — — —

4 Unsettled prisoner coming in second (10)

— — — — — — — — — —

5 After start of picnic, mention cup of tea? (10)

— — — — — — — — — —

A	A	A	C	C	E	E	E
E	E	F	I	I	L	N	N
N	N	O	O	O	P	P	R
R	R	S	S	T	T	T	V

97

1 Intuition that Quasimodo had? (5)

— — — — —

2 Chuck out Austen novel (6)

— — — — — —

3 Frivolous exhibition entertains everyone (7)

— — — — — — —

4 Object for examination (7)

— — — — — — —

5 Last letter lost from Cornish town leads to punishment (7)

— — — — — — —

A	A	A	C	C	E	E	E
E	H	H	H	L	L	N	N
N	N	O	O	P	P	R	S
S	S	T	T	T	U	U	W

98

1 Ground-rent deposit? (4)

— — — —

2 Wish well where B minus given? (5)

— — — — —

3 Set about game and thin porridge (5)

— — — — —

4 A pig among several in wood (8)

— — — — — — — —

5 Youngster's seen old act in new form (10)

— — — — — — — — — —

A	A	A	A	A	B	C	D
E	E	E	E	G	G	H	L
L	L	L	M	N	N	O	O
R	S	S	S	T	U	V	Y

99

1 A slice of Charlie's pork pie? (3)

— — —

2 Mike stops rotating Christmas tree, Asian one (5)

— — — — —

3 Pound secures extravagant country home (7)

— — — — — — —

4 Celebrated with drink, having received a grilling? (7)

— — — — — — —

5 Recipe containing an indecent dairy product (6,4)

— — — — — — — — — —

A	A	A	B	C	D	D	E
E	E	E	E	G	H	I	I
L	L	L	M	N	N	O	O
O	S	S	T	T	T	U	

100

1 Kafka hero: very dark and twisted (5)

— — — — —

2 Germany's assent to criticise her former ally (5)

— — — — —

3 Hat adornment from a couple of Brits abroad (6)

— — — — — —

4 Star in woollen hat, I wave (7)

— — — — — — —

5 Erstwhile transport company worker is joyful (9)

— — — — — — — — —

A	A	A	A	B	E	E	I
I	J	K	K	M	M	M	N
N	N	N	O	O	P	P	P
R	S	T	T	U	U	X	Y

101

1 Against former partner causing dismay (3)

— — —

2 Eccentric whom French king kept in line (6)

— — — — — —

3 Unruly mob ask judge to produce whip (7)

— — — — — — —

4 Swooped, catching wild cat in Palladium (7)

— — — — — — —

5 Boxer to race with oarsmen? (9)

— — — — — — — — —

A	B	C	D	E	E	E	F
G	H	I	I	J	K	K	L
M	N	O	O	P	Q	R	S
T	U	U	V	W	X	Y	Y

102

1 Mysterious character to smuggle illegal substance (4)

— — — —

2 Speaking out, regrets deception (4)

— — — —

3 Rascal with British accent (6)

— — — — — —

4 Following criminal making no mistakes (8)

— — — — — — — —

5 Duped gangster gave a conspiratorial signal (10)

— — — — — — — — — —

A	B	D	D	E	E	E	E
E	F	G	H	I	K	L	L
N	N	O	O	O	R	R	R
S	S	S	U	U	U	W	W

103

1 Very mature, retired star (4)

— — — —

2 Worker on house, say, left during row (5)

— — — — —

3 Reduce travel to and from work (7)

— — — — — — —

4 Member of group departs with stranger (7)

— — — — — — —

5 One buying mostly unmixed second drink? (9)

— — — — — — — — —

A	A	C	C	D	E	E	E
E	E	G	H	I	L	M	M
M	M	O	P	R	R	R	R
R	S	T	T	U	U	U	V

104

1 Engine noise from right propeller (4)

— — — —

2 Disturbance at university class? (5)

— — — — —

3 Abrasive agent on the board? (5)

— — — — —

4 Preparation for ghost appearing (9)

— — — — — — — — —

5 Animals collected, various game round new lake (9)

— — — — — — — — —

A	A	E	E	E	E	E	E
G	I	I	I	M	M	N	N
O	O	O	P	P	R	R	R
R	R	S	S	T	U	V	Y

The Times Quintagrams

105

1 Go like sheep across large Welsh lake (4)

— — — —

2 Reformed drinkers and sailors grabbing old boy (5)

— — — — —

3 Image of tank intercepting cavalry oddly erased (6)

— — — — — —

4 State, sad to say, reduced by degrees (7)

— — — — — — —

5 Group's black gossip about mix of letters, heartless (10)

— — — — — — — — — —

A	A	A	A	A	A	A	A
A	A	A	A	A	A	A	A
B	B	B	L	L	M	M	N
N	N	O	R	R	R	T	V

106

1 Strike a light (4)

— — — —

2 Express doubt about royal attendant ignoring ER (5)

— — — — —

3 Set up like a well-presented painting? (6)

— — — — — —

4 Country club's in front of forest (8)

— — — — — — — —

5 Old tennis player smothering bad hip with drug in the sidelines (9)

— — — — — — — — —

A	A	A	D	D	D	E	E
E	E	F	H	I	L	L	M
M	N	O	O	P	P	P	Q
R	R	R	R	U	W	Y	Y

107

1 Origin of bad lounge fire (5)

— — — — —

2 Extremely cool royal couple's book-keeper? (5)

— — — — —

3 Procedure used primarily in criminal trial (6)

— — — — — —

4 I disagree with guarding bird's unique property (8)

— — — — — — — —

5 Local team splitting payment (8)

— — — — — — — —

A	A	B	C	D	D	E	E
E	E	E	I	I	I	I	K
L	L	L	N	N	R	R	R
S	T	T	T	T	U	Y	Z

108

1 Branch member (3)

— — —

2 The Parisian leaving object in lorry (5)

— — — — —

3 Bands of colours in woven carpets (7)

— — — — — — —

4 Talked initially about a certain prize (8)

— — — — — — — —

5 Like-minded set touring Northern Ireland (9)

— — — — — — — — —

A	A	A	A	A	C	C	C
E	E	E	E	G	I	I	L
M	N	N	O	P	R	R	R
R	R	S	S	T	T	T	U

109

1 Low temperature? That's debatable (4)

_ _ _ _

2 Coffee or second hot drink (5)

_ _ _ _ _

3 Crease behind Louise's jacket (6)

_ _ _ _ _ _

4 Left hospital department to get prognostication (7)

_ _ _ _ _ _ _

5 Oddly polite, as with line in letters (10)

_ _ _ _ _ _ _ _ _ _

A	A	C	E	E	E	H	I
L	L	M	M	M	N	O	O
O	O	O	P	P	P	R	R
R	S	T	T	T	T	U	Y

110

1 A place to go for potato in Mumbai? (4)

_ _ _ _

2 A lieutenant in charge on Black Sea (6)

_ _ _ _ _ _

3 Warning issued by Mad Hatter (6)

_ _ _ _ _ _

4 Get to keep article made of clay (7)

_ _ _ _ _ _ _

5 Nobleman depressed? It often starts at ten (9)

_ _ _ _ _ _ _ _ _

A	A	A	A	B	C	C	D
E	E	E	H	H	I	L	L
N	N	N	O	O	O	O	R
R	T	T	T	T	T	U	W

111

1 Colourful bird possessing twin unknown quantities (5)

— — — — —

2 Question charity about universal concerns (6)

— — — — — —

3 Collided with small lorry (6)

— — — — — —

4 Trailer has maybe shepherd's wife carrying vicar (7)

— — — — — —

5 Getting in a lather, if not to object, perhaps (8)

— — — — — — — —

A	A	C	E	E	F	G	H
I	I	J	K	L	M	N	O
P	Q	R	R	R	S	S	T
T	U	U	V	W	Y	Z	Z

112

1 Some cash I posted in packet perhaps (4)

— — — —

2 The King and I — fifties hit (4)

— — — —

3 Sloth disoriented composer (5)

— — — — —

4 Feeling from nurse with books about great healer? (9)

— — — — — — — — —

5 Don perhaps changing jumper on beach (4,6)

— — — — — — — — — —

A	D	E	E	E	H	H	H
I	I	I	K	L	L	L	M
N	N	N	O	O	P	P	P
R	S	S	S	S	T	T	T

113

1 Haggard novel regularly left here? (5)

— — — — —

2 Soar across sky, keeping to the rules (6)

— — — — — —

3 Spot politician during nap (6)

— — — — — —

4 Subject of one old record in Times (7)

— — — — — — —

5 Chief cook is pure gold (8)

— — — — — — — —

A	B	E	E	E	F	F	G
H	I	I	I	I	L	L	L
L	M	O	O	O	P	P	P
R	R	R	S	S	U	Y	Y

114

1 Crime committed by burglar so nonchalantly (5)

— — — — —

2 Priests holding Mass for old harvest festival (6)

— — — — — —

3 Sharp reply concerning breach of duty (6)

— — — — — —

4 Direction finder's range (7)

— — — — — — —

5 Game fish – salmon, primarily (8)

— — — — — — — —

A	A	A	A	A	C	D	E
E	I	L	M	M	M	N	N
O	O	O	P	R	R	R	R
S	S	S	S	S	S	T	T

Cryptic Puzzles

189

1 A doctorate about current threat to plant life (5)

— — — — —

2 Be a good person, or a swine? (5)

— — — — —

3 Two seamen, one from central Asia (6)

— — — — — —

4 Is Bengal exotic for these Europeans? (8)

— — — — — — — —

5 Quit after accepting editor's new format (8)

— — — — — — — —

A	A	A	A	A	B	B	D
D	E	E	E	E	G	G	H
I	I	I	L	N	N	P	R
R	R	S	S	S	T	T	T

1 Guide books on edge toppled over (5)

— — — — —

2 White, lustrous fruit only half consumed (6)

— — — — — —

3 Harry needs to look closely crossing street (6)

— — — — — —

4 Biased secretary right to come forward in test (7)

— — — — — — —

5 Average son tucking into average cheese (8)

— — — — — — — —

A	A	A	A	A	E	E	E
E	I	I	L	L	L	M	N
O	P	P	P	P	P	R	R
R	R	S	S	T	T	T	Y

1 Rescue vessel on South Island (4)

— — — —

2 Old character to come quickly to the point (4)

— — — —

3 Dissolute son in Cornish port (5)

— — — — —

4 Picture friend accepting gold salver (9)

— — — — — — — — —

5 Refuse to declare cosmetic capital (5,5)

— — — — — — — — — —

A	A	A	A	B	E	E	E
G	K	L	L	N	N	O	O
O	O	O	P	R	R	R	R
R	S	S	T	T	U	U	Y

1 Sack containing rook or crow (4)

— — — —

2 Wife yearning for an enchanting individual (5)

— — — — —

3 Publication with goal to be something attractive? (6)

— — — — — —

4 Fiancé's home getting looked after (8)

— — — — — — — —

5 Evident dispute leads to person in court (9)

— — — — — — — — —

A	A	A	B	C	D	D	E
E	E	F	F	G	G	H	I
I	I	I	L	M	N	N	N
N	P	R	T	T	T	T	W

119

1 Hope for one type of hairstyle (3)

— — —

2 Superior pop group mostly to back (5)

— — — — —

3 Half talk nonsense about last agenda item: tree (6)

— — — — — —

4 Medic eating exotic blue bug that takes some chewing (6,3)

— — — — — — — —

5 Some states bill Beeb for broadcasting time (5,4)

— — — — — — — — —

A	A	A	B	B	B	B	B
B	B	B	B	B	B	B	B
E	E	E	G	I	L	L	L
M	O	O	O	T	T	U	U

120

1 Stuck in house, she takes drugs (4)

— — — —

2 German responsible for dish of rotten tripe (5)

— — — — —

3 Think one may be hauled in by police (7)

— — — — — — —

4 Ambassador meets newly-weds here in Scotland (8)

— — — — — — — —

5 Wine bishop consumed in drunken séance (8)

— — — — — — — —

A	B	C	C	D	E	E	E
E	E	E	E	H	I	I	N
P	P	R	R	R	R	S	S
S	S	S	S	T	T	U	U

121

1 Man's going to awful place (4)

— — — —

2 This person had reversed vehicle in seat (5)

— — — — —

3 Taken in by crook is Methodist's fate (6)

— — — — — —

4 Scallywag respecting the law, it's suggested (8)

— — — — — — — —

5 Person making a mess left Juliet out of dance (9)

— — — — — — — — —

A	B	C	D	E	E	E	G
H	I	I	I	I	I	I	K
L	L	L	L	M	M	N	P
R	S	T	T	T	T	U	V

122

1 Trolley taking short path to the left (4)

— — — —

2 Repeat the usual rubbish (6)

— — — — — —

3 Meet a Commonwealth head touring part of Australia (6)

— — — — — —

4 Attempt's one to stop agent saying much (7)

— — — — — — —

5 In vain girl moving to shrug off large American (9)

— — — — — — — — —

A	A	A	A	C	E	G	G
I	I	I	I	N	N	N	O
O	P	P	R	R	R	R	R
S	S	S	T	T	V	W	Y

123

1 Disorder in part of barracks (4)

— — — —

2 Sink? Sink crossing river (5)

— — — — —

3 Herb helping to make healthy meal (5)

— — — — —

4 Challenge Tory cover-up (8)

— — — — — — — —

5 Be taken round new training ship (10)

— — — — — — — — — —

A	B	C	D	E	E	E	F
G	H	I	I	M	M	N	N
N	N	N	O	O	O	R	R
R	S	S	T	T	T	W	Y

124

1 Unbalanced striker does it (4)

— — — —

2 Are you tucking into appropriate healthy snack? (5)

— — — — —

3 Game's a pain in the neck — and foreign! (7)

— — — — — — —

4 Pram I've lost maybe one Buffy disposed of (7)

— — — — — — —

5 A lucky thing to find in Arab's garden, perhaps (9)

— — — — — — — — —

A	A	B	C	C	E	E	E
E	F	H	H	I	I	I	K
M	O	O	P	R	R	R	R
S	S	S	T	T	T	U	V

125

1 Haggard girl married Noah's boy (4)

— — — —

2 Attraction of diamonds in unrefined state (4)

— — — —

3 Measure copper coin (5)

— — — — —

4 Perishes in river with it, to maximum degree (9)

— — — — — — — — —

5 Music-maker's collapse (10)

— — — — — — — — — —

A	A	B	C	C	C	D	D
E	E	E	E	H	I	I	I
M	N	N	N	O	R	R	R
S	S	T	T	T	T	U	W

126

1 Some West Indians can (3)

— — —

2 Article by old railway charity (4)

— — — —

3 Kitchen equipment, one fitting in well? (5)

— — — — —

4 Hirsute features seen in dining-rooms? (10)

— — — — — — — — — —

5 Having started wide of target (3,3,4)

— — — — — — — — — —

A	A	A	B	D	D	E	E
E	F	F	H	I	I	I	K
L	M	M	M	N	O	O	R
R	R	S	S	S	T	T	X

127

1 Not a single woman regularly visited Ambrose (3)

— — —

2 Prune right for little Cratchit to swallow (4)

— — — —

3 Straw perhaps which cold horse gets (6)

— — — — — —

4 Jumping about, one harms car's comfy seats (9)

— — — — — — — — —

5 Church is felt to split thus, becoming ... ? (10)

— — — — — — — — — —

A	A	A	A	C	C	C	C
H	H	H	H	I	I	I	I
M	M	M	M	R	R	R	R
S	S	S	S	T	T	T	T

128

1 Shake aboard cart (5)

— — — — —

2 Conflict involving husband and female in dock (5)

— — — — —

3 Twisted insult? (5)

— — — — —

4 Clever repartee in fencing? Not initially (8)

— — — — — — — —

5 Saw single scuppered schooner, say (9)

— — — — — — — — —

A	A	A	A	D	D	E	F
G	G	H	I	L	L	N	N
N	O	O	O	P	R	R	S
S	U	W	W	W	W	W	Y

The Times Quintagrams

129

1 Sound from cats in stables? (4)

— — — —

2 Depression holding back very small bird (6)

— — — — — —

3 Instant backup (6)

— — — — — —

4 Fish needs pampering - only one died (7)

— — — — — — —

5 Chaps emptied grain containing volatile element (9)

— — — — — — — — —

C	C	D	D	E	E	E	E
E	E	E	G	G	I	I	L
L	M	M	N	N	N	N	O
O	P	S	S	T	T	W	W

130

1 Prince left residence (4)

— — — —

2 Foremost of singers remains in band (4)

— — — —

3 Drink allowed in holiday home (6)

— — — — — —

4 One single part rejected by composer (8)

— — — — — — — —

5 Fashionable school by capital arena (10)

— — — — — — — — — —

A	A	A	A	B	C	C	D
E	E	E	H	H	H	H	H
I	L	L	L	L	M	O	O
O	P	P	R	R	S	S	T

131

1 Fibre that's fine and soft (4)

— — — —

2 Whip up short drink (5)

— — — — —

3 Children's author's character learning to spell (6)

— — — — — —

4 One my Dr's put right? (8)

— — — — — — — —

5 Dress up fashion designer, returning in hot material (9)

— — — — — — — — —

A	B	D	D	E	E	E	E
F	H	I	I	K	L	M	M
N	O	O	O	P	R	R	R
R	S	S	T	T	W	X	Y

132

1 Eloquent speaker in error at orphanage (6)

— — — — — —

2 Nap interrupted by very loud worthless talk (6)

— — — — — —

3 Outcome of Ulster broadcast (6)

— — — — — —

4 Put down soft drink (6)

— — — — — —

5 Publican left with peer (8)

— — — — — — — —

A	A	A	D	D	E	E	F
F	H	I	L	L	L	L	N
O	O	O	P	Q	R	R	R
R	S	S	S	T	T	U	U

133

1 A thousand fish brought back here? (4)

_ _ _ _

2 Leopard's leap with no power (5)

_ _ _ _ _

3 100" piece of cake (5)

_ _ _ _ _

4 Gossip's a problem Catherine admits (8)

_ _ _ _ _ _ _ _

5 Plot criminal deed, following criminals (10)

_ _ _ _ _ _ _ _ _ _

A	A	C	C	C	C	C	C
C	C	D	E	H	H	H	I
I	I	K	N	N	N	O	O
O	P	R	S	T	T	U	Y

134

1 Rub back softly to induce this? (4)

_ _ _ _

2 Reach top, we hear, displaying irritation (5)

_ _ _ _ _

3 Labour right involved in smear (6)

_ _ _ _ _ _

4 Curse Exeter, suffering with a cold (8)

_ _ _ _ _ _ _ _

5 Establish seat of learning (9)

_ _ _ _ _ _ _ _ _

A	A	B	C	E	E	E	E
E	I	I	I	I	N	N	P
P	Q	R	R	R	S	S	T
T	T	T	T	U	U	U	X

135

1 Some Native Americans are very boastful (4)

— — — —

2 Kid I kept in farm building (5)

— — — — —

3 Went to pieces, having no resources (5)

— — — — —

4 Key to fire engine? (8)

— — — — — — — —

5 Patron who has been failing a fine player (10)

— — — — — — — — — —

A	A	B	B	B	C	C	E
E	E	F	G	I	I	I	I
K	N	N	N	N	O	O	O
O	R	R	R	R	T	T	W

136

1 Stick members together (4)

— — — —

2 Ornamental trinket primarily causing injury (5)

— — — — —

3 Spam, for instance, and French dessert (6)

— — — — — —

4 Dealer's simple, clipped intonation (8)

— — — — — — — —

5 Game's defender admitting deficiency before judge (9)

— — — — — — — — —

A	A	A	A	B	B	C	C
C	C	C	E	E	H	H	J
J	K	K	K	L	L	M	M
N	N	R	R	T	T	U	U

137

1 Love found in female prison (4)

_ _ _ _

2 Physicist's bilingual admission of fatherhood? (6)

_ _ _ _ _ _

3 Proceed quietly about everything? Hardly! (6)

_ _ _ _ _ _

4 Bridge specialist ref told off (7)

_ _ _ _ _ _ _

5 College head abandoning distinctive method (9)

_ _ _ _ _ _ _ _ _

A	A	A	C	D	E	E	E
E	E	F	G	G	H	I	L
L	L	L	M	N	O	O	O
P	P	Q	R	R	T	T	U

138

1 One abandoned by head cook (4)

_ _ _ _

2 False horizontal (5)

_ _ _ _ _

3 Soft Scotsman seen in Post Office (5)

_ _ _ _ _

4 One assembles other ranks after short prayer (9)

_ _ _ _ _ _ _ _ _

5 Mandarin breaking inner gate (9)

_ _ _ _ _ _ _ _ _

A	A	C	C	C	E	E	E
E	F	G	G	H	I	I	I
L	L	L	N	N	N	N	O
O	O	P	R	R	T	T	Y

139

1 Perfume picked up and mailed (4)

— — — —

2 Weird thing, darkness (5)

— — — — —

3 At that point during confinement he relented (5)

— — — — —

4 Envoy's degree document, first from Trinity (8)

— — — — — — — —

5 Certain, after short time, to become fascinated (10)

— — — — — — — — — —

A	B	D	D	E	E	E	E
G	H	H	I	I	L	L	L
M	N	N	N	O	O	P	P
R	S	S	T	T	T	U	

140

1 Nuts mother brought back (3)

— — —

2 Nuts, old man's nuts (7)

— — — — — — —

3 Prisoner went down, said escort (7)

— — — — — — —

4 Only one form of water shows integrity (7)

— — — — — — —

5 Most good-humoured tales penned by jerk (8)

— — — — — — — —

A	A	C	C	C	D	D	D
E	E	I	I	J	J	L	L
L	M	M	N	N	O	O	O
S	S	S	T	T	U	U	

141

1 Experienced, it's said, or inexperienced? (3)

— — —

2 Cool to knock back gin? Not entirely (2,4)

— — — — —

3 Humble clergyman taking me in (6)

— — — — — —

4 Minister quietly to contact Her Majesty (8)

— — — — — — —

5 Forces son to become a pious man (9)

— — — — — — — —

142

1 That is half dozen — and third of it (3)

— — —

2 Search valley, overlooking nothing (4)

— — — —

3 Bloomer from judge performing in French who left (7)

— — — — — — —

4 Old-fashioned and shy, if ego damaged (8)

— — — — — — —

5 Red stamp OK, with letters treated thus? (10)

— — — — — — — — — —

143

1 Zip in pullover (4)

— — — —

2 Stereotypical Russian on Ford's back seat (5)

— — — — —

3 Have a party, taking in a show (6)

— — — — — —

4 Where workers are found in High Barnet? (7)

— — — — — — —

5 Leader of vandals shown to be justified (10)

— — — — — — — — — —

A	A	A	B	C	D	D	D
E	E	E	E	E	E	E	H
I	I	I	I	L	L	N	N
O	R	T	V	V	V	V

144

1 Pick up runs facing friend (5)

— — — — —

2 Very small stones in tomb by lake (6)

— — — — — —

3 Mentor relaxed in Oxford college (6)

— — — — — —

4 Discussion about singular herb (7)

— — — — — — —

5 Bullfighters at a party held by wife? (8)

— — — — — — — —

A	A	A	A	A	D	E	E
E	G	L	L	L	L	M	M
N	O	O	P	R	R	R	R
R	S	S	T	T	V	Y	Y

145

1 Intimidates farm residents (4)

_ _ _ _

2 A new hair styler, heavenly creature (5)

_ _ _ _ _

3 Old man swallows a brilliant cure-all (7)

_ _ _ _ _ _ _

4 Grumpy chap with love for Marx? (7)

_ _ _ _ _ _ _

5 Rose that's surprisingly inelegant (9)

_ _ _ _ _ _ _ _ _

A	A	A	A	A	C	C	C
E	E	E	E	G	G	G	H
I	L	L	N	N	N	N	O
O	O	P	R	S	T	U	W

146

1 Carry little child east (4)

_ _ _ _

2 High-flier secure in job we hear (4)

_ _ _ _

3 Credit OK — you've capital invested there! (5)

_ _ _ _ _

4 Dark: go to bed in cover freely supplied (9)

_ _ _ _ _ _ _ _ _

5 Care about troubled lad: we must be tired of life (5-5)

_ _ _ _ _ _ _ _ _ _

A	A	D	E	E	E	E	E
I	K	L	N	N	N	O	O
O	O	R	R	R	R	S	T
T	T	T	U	W	W	Y	Y

147

1 Ignore sweetmeats from the east (4)

— — — —

2 Caught leaving rather plump partner (5)

— — — — —

3 Pass on consuming foreign wine that's delicious (6)

— — — — — —

4 Political activist in hall first (8)

— — — — — — — —

5 Get lost, possibly due for bliss (9)

— — — — — — — — —

A	B	B	B	B	B	B	D
D	E	E	E	H	I	I	I
I	L	N	N	O	S	S	T
T	T	U	U	U	V	Y	Y

148

1 Mother at home finds key (4)

— — — —

2 Conference maybe held in Europe — Arles (4)

— — — —

3 Extremely valuable info about antique (6)

— — — — — —

4 Most enjoyable chapter I love, penned by composer (9)

— — — — — — — — —

5 Rectors we arranged for cathedral (9)

— — — — — — — — —

A	A	C	C	D	D	E	E
E	E	E	G	I	I	I	L
L	M	N	N	O	O	O	P
R	R	R	S	S	T	U	W

149

1 Children's entertainer mixed fruit drink (5)

_ _ _ _ _

2 First blokes in receipt of benefit (6)

_ _ _ _ _ _

3 Retreat on court, showing no emotion (6)

_ _ _ _ _ _

4 Man with guts shot wild horse (7)

_ _ _ _ _ _ _

5 Son speaking, following the game? (8)

_ _ _ _ _ _ _ _

A	A	A	C	D	D	E	E
G	G	H	I	I	K	L	M
M	N	N	N	N	N	O	O
P	S	S	T	T	U	U	W

150

1 Object stored by museum in Denmark (4)

_ _ _ _

2 Good swimmer more popular in the East End? (5)

_ _ _ _ _

3 Starter of rigatoni covered in sauce very quickly (6)

_ _ _ _ _ _

4 Spot ex-President having trouble before start of term (5,3)

_ _ _ _ _ _ _ _

5 Exclude one getting potted (9)

_ _ _ _ _ _ _ _ _

A	A	A	B	B	C	D	D
E	E	I	K	K	L	L	L
L	M	N	O	O	O	O	P
P	R	R	S	T	T	T	T

151

1 Epic poem: some Virgil I admire (5)

— — — — —

2 Sarcastic in golf club, one needing clubs (6)

— — — — — —

3 Publishes matters for discussion (6)

— — — — — —

4 List that is full of incorrect times (7)

— — — — — — —

5 Uninformed I admit about small number (8)

— — — — — — — —

A	A	C	D	E	E	E	G
I	I	I	I	I	I	I	I
L	M	N	N	N	O	O	R
R	S	S	S	S	T	T	U

152

1 Hazard covering land area (4)

— — — —

2 Rugby players prepare for holiday, perhaps (4)

— — — —

3 Scattering of English pebbles on shore (7)

— — — — — — —

4 Error made by hare on motorway (8)

— — — — — — — —

5 What sounds like problem paper, on occasions (9)

— — — — — — — — —

A	B	C	E	E	E	E	G
H	I	I	I	I	K	L	L
M	M	M	N	N	O	P	P
R	S	S	S	S	T	T	T

153

1 Said food is OK (4)

— — — —

2 Begin a filling meal (6)

— — — — — —

3 Poignancy of passages about Othello's end (6)

— — — — — —

4 Money invested? Jolly good! (7)

— — — — — — —

5 Self-employed cleaner struggling in further education (9)

— — — — — — — — —

A	A	A	A	A	A	C	C
C	E	E	E	F	F	H	H
I	I	L	L	L	N	N	O
P	P	R	R	S	T	T	U

154

1 Warning about our doctors taken the wrong way (5)

— — — — —

2 Theme word in French poem (5)

— — — — —

3 Bouncer sat twirling something solid (7)

— — — — — — —

4 Copied by, I hesitate to say, old Times journalist (7)

— — — — — — —

5 Independent body is stopping boy's flag-waving (8)

— — — — — — — —

A	A	A	B	B	D	E	E
E	F	G	I	I	I	J	L
L	M	M	M	N	O	O	O
R	R	S	S	T	T	X	X

155

1 Woman is apart from children (3)

— — —

2 American Indians one associated with dance (4)

— — — —

3 Leading characters in this opera sing con amore? (5)

— — — — —

4 A record, in lyric, expressing remorse (10)

— — — — — — — — — —

5 Out of touch with Latin, begin afresh (10)

— — — — — — — — — —

A	A	A	B	C	C	E	E
E	G	G	H	I	I	I	I
L	L	N	N	O	O	O	O
P	P	S	S	T	T	U	

156

1 Office writing desk (6)

— — — — — —

2 Almost ask advice from ambassador (6)

— — — — — —

3 Cross some noteworthy bridges (6)

— — — — — —

4 Away goal results in upset (6)

— — — — — —

5 Purchase large drink, heading off (8)

— — — — — — — —

A	A	B	B	C	D	D	E
E	E	E	E	F	F	G	H
I	L	L	N	N	O	O	R
R	R	S	U	U	U	V	Y

157

1 Spanish city backed this festival (4)

_ _ _ _

2 Quits flat (4)

_ _ _ _

3 Revive motoring competition (5)

_ _ _ _ _

4 At home, arrange to put in new grass? (9)

_ _ _ _ _ _ _ _ _

5 Domestic help needs money for livelihood (5,5)

_ _ _ _ _ _ _ _ _ _

A	A	A	A	B	D	D	E
E	E	E	F	I	I	L	L
L	L	M	N	N	N	N	O
O	R	R	R	T	V	Y	Y

158

1 Heard of person succeeding before, once (3)

_ _ _

2 Prison with a large passage (5)

_ _ _ _ _

3 Barrow pulls up, regularly, amid bread baskets (7)

_ _ _ _ _ _ _

4 Capital to be invested lodged in some ISAs initially (7)

_ _ _ _ _ _ _

5 Typical of a salesman's calling? (4-2-4)

_ _ _ _ _ _ _ _ _ _

A	A	B	C	D	D	E	E
I	I	I	L	L	L	M	N
O	O	O	O	O	R	R	R
S	S	T	T	T	U	U	U

159

1 Mythological queen was completely inactive? (4)

— — — —

2 A dollop of hot sugar around relish (5)

— — — — —

3 Father and daughter with trim exterior (5)

— — — — —

4 Sub back from filling station (8)

— — — — — — — —

5 Policeman's message showing contempt (10)

— — — — — — — — — —

A	A	D	D	D	D	D	E
E	G	G	I	L	I	I	I
M	N	N	O	O	P	R	S
S	S	S	S	T	T	U	V

160

1 Misgiving from peer missing first mass (5)

— — — — —

2 One who's taken prisoner's direction to turn in vehicle (6)

— — — — — —

3 Impassioned female driver almost crashed (6)

— — — — — —

4 Impassioned bachelor taking it easy (7)

— — — — — — —

5 Mustachioed Republican breaking spirit of Irish (8)

— — — — — — — —

A	A	A	B	C	D	E	E
F	G	H	I	I	I	K	L
L	M	N	O	P	Q	R	R
R	S	T	U	V	W	Y	Z

161

1 Ox or cox (5)

— — — — —

2 Where team goes if led out? (5)

— — — — —

3 A fraction of our thankfulness
shows (6)

— — — — — —

4 You'll find me in Corfu on
vacation (6)

— — — — — —

5 See hypocrisy by monarch and
cover up (10)

— — — — — — — — — —

A	B	C	C	D	E	E	E
E	E	F	F	H	I	L	N
O	O	P	P	R	R	R	R
R	S	T	T	T	U	U	Y

162

1 Learner an idiot, not using this?
(4)

— — — —

2 Tickles when embracing female
who inspires (6)

— — — — — —

3 Piece of cake that you eat
outside? (6)

— — — — — —

4 Resilient MI6 man seizes gang (7)

— — — — — — —

5 Rabid Alsatians? One might
attack you (9)

— — — — — — — — —

A	A	A	A	A	C	C	E
F	G	I	I	I	I	L	L
M	N	N	N	O	P	P	R
S	S	S	S	S	T	U	Y

163

1 Part of crossword from Guardian initially free (4)

— — — —

2 Stone covering can stretch (5)

— — — — —

3 Irritating exercises followed by broadcaster (5)

— — — — —

4 Bird also circling a crested bird (8)

— — — — — — — —

5 Lonely day going on forever (10)

— — — — — — — — — —

A	C	C	D	D	E	E	E
F	G	I	I	I	K	K	L
N	N	O	O	O	P	R	R
S	S	S	S	T	T	T	Y

164

1 Benjamin Disraeli's intellect (4)

— — — —

2 Chide son lacking warmth (5)

— — — — —

3 A year inside poor house providing refuge (6)

— — — — — —

4 More inexperienced guy, one out before end of over (7)

— — — — — — —

5 Barge operator, chap who's shed a few pounds? (10)

— — — — — — — — — —

A	A	C	D	D	E	E	G
G	H	I	I	L	L	L	M
M	M	N	N	N	O	O	R
R	S	S	T	U	U	Y	Y

165

1 Fur coats, might you say, for flirtatious female? (4)

— — — —

2 Striking block seen in urban village (5)

— — — — —

3 Song adopted by unknown East African state once (5)

— — — — —

4 Attempt to reform some liar? (8)

— — — — — — — —

5 Where you might see koala in difficulties (2,1,3,4)

— — — — — — — — — —

A	A	A	A	E	E	E	E
G	I	I	I	I	L	L	M
M	M	N	N	O	P	R	R
R	S	T	U	U	V	X	Z

166

1 Reduce place for defendant (4)

— — — —

2 Judges finally discard some evidence from experts (5)

— — — — —

3 Subtle changes in prominent part of period costume (6)

— — — — — —

4 Student living in area within boundary (7)

— — — — — — —

5 Academies using house with new house adjoining (10)

— — — — — — — — — —

A	A	B	B	C	D	D	D
E	E	E	E	E	E	I	I
K	L	M	M	N	O	O	R
R	R	S	S	S	S	T	U

167

1 Cattle following tailless duck back (4)

— — — —

2 Pass lover once each time (5)

— — — — —

3 Continue to ring revolting, vacant, hideous female (6)

— — — — — —

4 Very suspicious of soldier with lack of credentials? (8)

— — — — — — — —

5 Stories about drug smuggled by twenty-one rich emigrés ? (3,6)

— — — — — — — — —

A	A	A	A	D	E	E	E
E	E	G	G	I	I	L	N
N	N	O	O	O	O	P	R
R	S	T	T	X	X	X	X

168

1 Choose a parking spot outside (5)

— — — — —

2 Penny, enthusiastic about piebald horse (5)

— — — — —

3 Crank sitting in pew in church (5)

— — — — —

4 Ordinary French wine I imported — rouge, lacking body (8)

— — — — — — — —

5 Advance point of view in matter (9)

— — — — — — — — —

A	A	B	C	C	C	D	D
E	E	E	H	I	I	I	M
N	N	N	O	O	O	P	P
R	S	S	T	T	T	U	W

169

1 Insulate, initially leaving a gap (3)

_ _ _

2 Country fellow giving new penny for old (4)

_ _ _ _

3 Inbuilt intolerance largely beaten (7)

_ _ _ _ _ _ _

4 Course to study WWI battleground (8)

_ _ _ _ _ _ _ _

5 Large copy, bound (10)

_ _ _ _ _ _ _ _ _ _

A	A	A	A	C	C	D	E
E	G	G	H	I	I	I	L
L	L	L	M	M	M	N	N
O	O	O	R	S	T	T	Y

170

1 Trip lasting some months in US (4)

_ _ _ _

2 Compare legal right to imprison monarch (5)

_ _ _ _ _

3 River approaching south-east? Wrong! (5)

_ _ _ _ _

4 Singular senior citizen works for TV show (4,5)

_ _ _ _ _ _ _ _ _

5 Joint study perhaps shows potential for movement (5,4)

_ _ _ _ _ _ _ _ _

A	A	A	A	B	E	E	E
E	F	F	I	K	L	L	L
L	L	M	N	O	O	O	O
O	P	P	R	R	S	S	W

171

1 Scourged regularly? That must be painful (4)

— — — —

2 Put down outside a royal residence (6)

— — — — — —

3 Fashionable way to make a martini? (4,2)

— — — — — —

4 Dirigible bombed island parish (7)

— — — — — — —

5 Impede school principal, a nincompoop (9)

— — — — — — — — —

A	A	A	A	B	C	C	D
E	E	E	H	H	H	I	I
I	I	K	L	L	O	O	P
P	R	R	S	S	T	T	W

172

1 Reptile caught gigantic bird (4)

— — — —

2 Men outside front of cabin briefly cut crop up (5)

— — — — —

3 E European king might be in, reportedly (5)

— — — — —

4 Cooks up with criminal at county courts (8)

— — — — — — — —

5 PC, short copper, harbouring two hundred bacteria (10)

— — — — — — — — — —

C	C	C	C	C	C	C	C
C	C	C	C	C	E	H	I
I	M	N	O	O	O	O	O
O	R	R	R	S	T	U	Z

173

1 Hearty, hot drink (4)

— — — —

2 Hazy, the writer's spinning pen (5)

— — — — —

3 Chicken to emit a cry of pain (6)

— — — — — —

4 Joined and served in the army, but one's left (8)

— — — — — — — —

5 Imprisoned by sheriff, lags to neglect one on the floor (9)

— — — — — — — — —

A	A	D	D	E	E	E	E
E	F	G	H	I	L	L	L
L	L	M	N	O	O	O	R
S	S	S	T	T	W	Y	Y

174

1 Son's expression of enthusiasm (3)

— — —

2 Through which one may see Oxford college (5)

— — — — —

3 Trendy bishop booted out of seaside town (5-2)

— — — — — — —

4 Celeb's fashionable mode of intergalactic transport (8)

— — — — — — — —

5 Save some nice old works (9)

— — — — — — — — —

A	B	C	E	E	E	G	H
H	I	I	I	I	L	M	N
N	O	O	O	O	O	P	R
R	R	S	S	S	T	T	Y

175

1 Reckless dramatist? Sounds like it (4)

— — — —

2 Some extra deals, buying and selling (5)

— — — — —

3 Promiscuous wife associated with Chekhov, maybe (6)

— — — — — —

4 Device on an aircraft carrier or launch? (8)

— — — — — — — —

5 Fees split by game female peers (9)

— — — — — — — — —

A	A	A	A	C	C	D	D
D	E	E	E	H	I	L	L
N	N	O	P	R	S	S	S
T	T	T	T	U	U	W	W

176

1 Section of turban, dyed and curved (5)

— — — — —

2 Composer returning one pound in Swiss capital (6)

— — — — — —

3 Derby County (6)

— — — — — —

4 Bear, say, one breaking free in the Arctic (7)

— — — — — — —

5 Friendly seaman reversed current in flex (8)

— — — — — — — —

A	A	B	B	B	C	D	E
E	E	E	G	I	I	L	L
L	N	N	O	O	R	R	R
R	R	S	S	U	W	Y	Y

177

1 He's so big and so backward (4)

— — — —

2 Fare everyone at the store initially wanted (4)

— — — —

3 Religious leader whose staff worked wonders (5)

— — — — —

4 Fighter perhaps rejected opening in a way (9)

— — — — — — — — —

5 Part for clarinet say or organ (10)

— — — — — — — — — —

A	A	A	A	A	C	E	E
E	E	E	E	G	H	I	L
M	N	N	O	O	O	O	P
P	R	R	R	S	T	T	U

178

1 The damage — for crossing bridge? (4)

— — — —

2 Duke entering youth organisation (4)

— — — —

3 Girl boiled food, displaying greed (7)

— — — — — — —

4 Cheap eatery across road: one in UK city (7)

— — — — — — —

5 Waving gun at gran, a monster! (10)

— — — — — — — — — —

A	A	A	A	A	A	B	C
C	D	D	E	F	F	G	G
I	I	L	L	N	N	O	O
R	R	R	T	T	U	V	Y

179

1 Old man has pounds from Catholic dignitary? (5)

_ _ _ _ _

2 Boss hasn't right to make error (5)

_ _ _ _ _

3 Scoundrel uttered gag (6)

_ _ _ _ _ _

4 Moving arms, use rubber (7)

_ _ _ _ _ _ _

5 Losing one million, returning and making a killing (9)

_ _ _ _ _ _ _ _ _

A	A	A	A	A	C	E	E
E	F	F	G	G	H	I	I
L	L	M	M	N	P	P	R
R	S	S	S	T	U	W	Y

180

1 Grasp small branch (4)

_ _ _ _

2 Clip nails back (4)

_ _ _ _

3 Anxious for future perhaps (5)

_ _ _ _ _

4 Quick to pass the amendment (4-5)

_ _ _ _ _ _ _ _ _

5 Dope found in most unlikely jungle area (10)

_ _ _ _ _ _ _ _ _ _

A	A	E	E	E	E	F	G
H	I	I	I	N	N	N	O
O	P	P	R	R	S	S	S
S	S	T	T	T	T	T	W

181

1 Willing on-line publication to make a comeback? (4)

— — — —

2 Bird, not one to stir (5)

— — — — —

3 A moral failing is OK (6)

— — — — — —

4 Lawyers profit a good deal (7)

— — — — — — —

5 Get up on piano to perform ostentatiously (10)

— — — — — — — — — —

A	A	A	A	A	A	B	B
D	D	D	D	E	E	E	E
G	G	G	G	G	I	M	N
N	N	R	R	R	S	T	U

182

1 Very pale, like woman in the Gorbals? (5)

— — — — —

2 Steer clear of bill inspired by first lady (5)

— — — — —

3 Importance of statues Elgin originally carted off (6)

— — — — — —

4 Order pink gin: one's crucial to success (7)

— — — — — — —

5 What braggart may say, being tense (9)

— — — — — — — — —

A	A	A	C	D	E	E	E
E	E	F	G	H	I	I	I
K	M	N	N	N	P	P	R
S	S	S	T	T	T	U	V

183

1 Enthusiastic leaders of worship in local diocese (4)

— — — —

2 Fashionable feature of Bond's martini (5)

— — — — —

3 Withdraw to deal with irritant (7)

— — — — — — —

4 Trade functions hosted by retiring junior (8)

— — — — — — — —

5 On a trip, choosing location for after six (8)

— — — — — — — —

A	A	B	C	C	D	E	G
H	I	I	I	I	I	L	M
N	N	R	R	S	S	S	S
S	S	T	T	T	U	V	W

184

1 Engineer and inventor in Saginaw at Thanksgiving (4)

— — — —

2 Firework plant (6)

— — — — — —

3 Quick to take offence, awkward youth caught inside (6)

— — — — — —

4 Damage what sounds like main tent (7)

— — — — — — —

5 Male in lengthy run in Wagner opera (9)

— — — — — — — — —

A	A	C	C	E	E	E	E
G	H	H	I	K	L	M	N
N	O	O	O	Q	R	R	R
T	T	T	T	U	U	W	Y

185

1 Used to daughter appearing with passport? (3)

— — —

2 Pop record finally put on by Yankee (5)

— — — — —

3 Led astray, consuming rum and piece of cake (6)

— — — — — —

4 Around one, God willing, I'd finish in profit (8)

— — — — — — — —

5 Old-fashioned bloody rhymes! (5-5)

— — — — — — — — — —

A	D	D	D	D	D	D	D
D	D	D	D	D	D	D	D
D	E	E	F	I	I	I	L
N	O	U	U	V	Y	Y	Y

186

1 A component in pieces (5)

— — — — —

2 Regions in Near East (5)

— — — — —

3 Consider close to Surrey or Berkshire, perhaps (6)

— — — — — —

4 It being the case that he wears pants (7)

— — — — — — —

5 Bottom pinched by admirer, newspaper employee (9)

— — — — — — — — —

A	A	A	A	A	B	C	D
E	E	E	E	H	I	N	O
O	P	R	R	R	R	S	S
S	T	T	T	U	U	W	Y

187

1 We're told to visit Caribbean, perhaps (3)

— — —

2 What goes in secure lagging? (6)

— — — — — —

3 Integrate search in heart of Gwent (7)

— — — — — — —

4 Envisage current enigma being resolved (7)

— — — — — — —

5 Renunciation of weapons is irresistible (9)

— — — — — — — — —

A	A	A	B	B	C	D	D
E	E	E	E	G	G	H	I
I	I	I	I	I	M	M	M
N	N	N	N	O	R	S	S

188

1 Capital essential for remortgaging, on reflection (4)

— — — —

2 Bishop aided reformed villain (6)

— — — — — —

3 Crane something Hans uses for the stack (7)

— — — — — — —

4 Language of queen, maybe, in the style of knight (7)

— — — — — — —

5 Obstinate, now, playing piano in that deluge! (8)

— — — — — — — —

A	A	A	A	B	C	C	D
D	D	D	E	E	E	I	I
K	L	M	N	N	O	O	O
P	R	R	R	R	T	U	W

The Times Quintagrams

189

1 Computers from the east? It's a rip-off (4)

— — — —

2 One thousand and one staff (4)

— — — —

3 Sweet plum keeping cold (4-3)

— — — — — — —

4 Limit a populous area's potential (8)

— — — — — — — —

5 Kept woman with firm figure embracing youngster (9)

— — — — — — — — —

A	A	A	A	B	C	C	C
C	C	C	C	C	C	E	E
E	H	I	I	I	M	M	N
N	O	O	P	S	T	U	Y

190

1 Hood dropping in — to do this? (3)

— — —

2 Old politician to scold, by the sound of him (4)

— — — —

3 Unsuccessful person changing roles (5)

— — — — —

4 One into hanging baskets? (10)

— — — — — — — — — —

5 Manage a stadium but fail to manage ship? (3,7)

— — — — — — — — — —

A	A	B	B	D	E	G	G
H	I	I	L	L	L	N	N
N	O	O	O	O	O	R	R
R	R	S	S	T	U	U	W

191

1 Cut round fruit (4)

— — — —

2 Fortunate girl pocketing £1000 (5)

— — — — —

3 I punch plastic for exercise (4-2)

— — — — — —

4 Artist exhibiting image like so (7)

— — — — — — —

5 Deadlock securing black horse next-door (10)

— — — — — — — — — —

A	A	A	B	C	C	C	E
E	H	I	I	K	L	L	L
M	M	N	O	P	P	P	S
S	S	T	T	U	U	U	Y

192

1 Mistake party politician has admitted (4)

— — — —

2 Senior fellow to cook Asian bread (5)

— — — — —

3 Go after slate in storeroom (6)

— — — — — —

4 The writer quotes aloud, making sense (8)

— — — — — — — —

5 Weapons badly blocking major road (9)

— — — — — — — — —

A	A	D	E	E	E	E	G
H	I	I	L	L	N	N	O
O	P	P	R	R	R	S	T
T	T	T	Y	Y	Y	Y	Y

193

1 Introduction to Saul, Old Testament drunk (3)

— — —

2 Uncle Andrew keeping free of corruption (5)

— — — — —

3 Weep about US president? My goodness! (6)

— — — — — —

4 Perfect? It may be for the studious type (8)

— — — — — — — —

5 Housebuilders of Leeds prove criminal (10)

— — — — — — — — — —

A	B	C	C	D	E	E	E
E	E	E	I	K	K	L	L
N	O	O	O	O	P	R	R
S	S	T	T	T	V	X	Y

194

1 Fish out of water gulping oxygen (4)

— — — —

2 Small child in joint runs away (4)

— — — —

3 English singer in my diplomatic residence (7)

— — — — — — —

4 I study songbird with unknown name (8)

— — — — — — — —

5 Alliance lamenting changes (9)

— — — — — — — — —

A	A	B	D	D	E	E	E
E	G	I	I	I	I	L	M
M	M	N	N	N	O	R	S
S	T	T	T	T	Y	Y	Y

195

1 Outlaw joining king's side (4)

— — — —

2 Tree from the Arctic bearing crop at last (6)

— — — — — —

3 Not all head for God's house (6)

— — — — — —

4 Local ruler unhinged (7)

— — — — — — —

5 Calls regularly disrupted Stalin's feast (3,6)

— — — — — — — — —

A	A	A	A	A	B	B	E
E	G	I	I	K	K	L	L
L	L	M	N	N	N	O	P
P	P	R	R	S	S	T	T

196

1 Fitting carpet with odd bits missing (3)

— — —

2 What could be indicative of machismo, oddly diminished (4)

— — — —

3 Nothing about poem that's in Statesman's address? (3,4)

— — — — — —

4 It's cheap, shoddy imitation (8)

— — — — — — — —

5 Warning adequate when holding vote, say (3,7)

— — — — — — — — — —

A	A	A	C	C	D	D	E
E	E	E	F	H	I	I	L
M	M	O	O	O	O	P	P
P	P	R	S	T	T	X	Z

197

1 Some people applauded the defence (4)

— — — —

2 Out of sack there's wine, right? (5)

— — — — —

3 Wood Tom perhaps put round piano (5)

— — — — —

4 Overriding instruction not to set about bird (8)

— — — — — — — —

5 Boer actor's awful language (5-5)

— — — — — — — — — —

A	A	A	A	A	B	C	D
E	E	E	I	I	L	L	M
M	N	N	O	O	O	P	P
R	R	R	S	S	T	T	T

198

1 Studies of marsh grasses broadcast (5)

— — — — —

2 Take in summary (6)

— — — — — —

3 Vitality in Spanish port, ancient city (6)

— — — — — —

4 Runs one winter sportsperson finds more dangerous (7)

— — — — — — —

5 Notwithstanding some unusual thoughts (8)

— — — — — — — —

A	A	D	D	E	E	E	G
G	G	H	H	I	I	I	I
K	L	O	O	R	R	R	R
S	S	S	T	T	U	U	V

199

1 Born in Paris, died in penury (4)

— — — —

2 Colonel's airship? (5)

— — — — —

3 Greeting that man will love (5)

— — — — —

4 Smooth foil used for decoration (4,5)

— — — — — — — —

5 Woman's standing after study (9)

— — — — — — — — —

A	B	C	C	C	D	E	E
E	E	H	I	I	L	L	L
M	N	N	N	N	O	O	O
O	P	R	R	S	S	S	T

200

1 Ripped off vicar's clothing (5)

— — — — —

2 Sometimes a lady displays this dish (5)

— — — — —

3 Sheep being on coach leads to argument (4-2)

— — — — — —

4 Spot MP in stately home (6)

— — — — — —

5 Oddball Mo inspires a funny feeling (10)

— — — — — — — — — —

A	A	B	D	E	E	E	I
I	I	L	L	L	M	M	N
O	O	P	P	P	P	R	S
S	S	S	S	T	T	U	U

201

1 Missing blue article returned (4)

— — — —

2 Thrilled with wicket: outstanding! (5)

— — — — —

3 Little Richard twice picked up antelope (3-3)

— — — — — —

4 Erratic method protected person (7)

— — — — — — —

5 Bouncers' area, one patrolmen disturbed (10)

— — — — — — — — — —

A	A	A	A	D	D	D	D
E	E	I	I	I	K	K	L
L	M	N	O	O	O	P	R
R	T	W	W	W	W	W	Y

202

1 John, Nick or Billy (3)

— — —

2 Just seaman returning to bank (6)

— — — — — —

3 Country's secession in part stopped by king (6)

— — — — — —

4 Hoards dishes up again (8)

— — — — — — — —

5 Authorised figure dismissing English politician (9)

— — — — — — — — —

A	A	A	B	B	C	E	E
E	E	E	I	L	N	O	R
R	R	R	R	S	S	S	T
T	T	T	U	V	X	Y	Y

203

1 Fizzy drink and drug for English poet (4)

— — — —

2 A drink set back Indian royal (4)

— — — —

3 Draw exterior of dissolute ancient Briton (6)

— — — — — —

4 Horse and cart reversing in place for scrap (8)

— — — — — — — —

5 Eg Hannah's daughter hosted by friend in capital (10)

— — — — — — — — — —

A	A	A	A	C	D	D	D
E	E	E	I	I	J	J	K
L	M	N	N	O	O	P	P
P	P	R	R	R	T	U	Y

204

1 Condemn mother over the phone (4)

— — — —

2 Recording evidence of faulty bell? (6)

— — — — — —

3 Adorn knight with flashy clothing (7)

— — — — — — —

4 Chap tries fruit (7)

— — — — — — —

5 Love song composed, bill enclosed (8)

— — — — — — — —

A	A	A	A	D	D	E	E
E	E	G	G	H	I	I	
M	M	N	N	N	N	N	N
O	O	R	R	S	S	S	T

205

1 Malice coming from Eve, no mistake (5)

— — — — —

2 Recent changes giving heart (6)

— — — — — —

3 Seize brood of chickens (6)

— — — — — —

4 Sweet of female to come in support (6)

— — — — — —

5 Reportedly studied fair, a tourist attraction in Moscow (3,6)

— — — — — — — — —

A	C	C	C	D	E	E	E
E	E	E	E	F	F	H	L
M	N	N	O	O	Q	R	R
R	S	T	T	T	U	U	V

206

1 Foreign cleric in a retreat for reflection (4)

— — — —

2 Composer's piece embracing nameless philosophy (5)

— — — — —

3 The writer translated Miro biography (6)

— — — — — —

4 Metal of choice coating a different one (8)

— — — — — — — —

5 Young woman invested in product linked to variable economy (9)

— — — — — — — — —

A	A	A	B	B	B	E	E
E	F	G	I	I	I	I	L
L	M	M	M	N	O	P	R
R	T	T	T	U	U	Y	Z

207

1 A qualification for teacher having retired (4)

— — — —

2 Notes place to sit (4)

— — — —

3 Tyrant from Parisian place (6)

— — — — — —

4 Absolute rascal not breaking any laws (8)

— — — — — — — —

5 Relax, dressed in friend's expensive fur (10)

— — — — — — — — — —

A	A	A	B	C	C	C	D
D	E	E	F	H	H	I	I
I	I	I	L	L	L	M	N
O	O	P	P	S	S	T	T

208

1 Agent loses tail close to Andalusia resort (3)

— — —

2 The Spanish tease retired composer (5)

— — — — —

3 Haunt dynasty with painful affliction (7)

— — — — — — —

4 Yank had eyes for peasant (7)

— — — — — — —

5 Type of gas that you may find in garden? (10)

— — — — — — — — — —

A	A	A	A	D	E	E	E
E	E	E	G	G	G	H	H
H	L	N	N	O	O	P	R
R	S	S	S	T	U	U	Y

The Times **Quintagrams**

1 Means to hold cross like candle? (4)

_ _ _ _

2 Write for someone else: read it below! (5)

_ _ _ _ _

3 Do, delightful, on West Country river (7)

_ _ _ _ _ _ _

4 Appropriate and good time to supply cases (7)

_ _ _ _ _ _ _

5 Be unsettled dad protecting you, doubly watchful (5-4)

_ _ _ _ _ _ _ _ _

A	A	A	A	B	B	C	D
D	E	E	E	E	E	E	E
G	G	G	G	H	O	S	T
T	U	W	X	X	Y	Y	Y

1 Irritation or snag in East London (4)

_ _ _ _

2 Posed, hiding unpleasant odour in shoe (5)

_ _ _ _ _

3 Starter of rocket dressed in sauce quickly (6)

_ _ _ _ _ _

4 Wretched daughter gets thrown out (8)

_ _ _ _ _ _ _ _

5 Giving particulars of diamonds selling on-line (9)

_ _ _ _ _ _ _ _ _

A	A	B	C	C	D	D	D
E	E	E	E	E	G	H	I
I	I	J	L	N	O	O	P
R	S	S	T	T	T	T	T

211

1 Mostly effeminate people punt here (3)

— — —

2 American quickly astride horse (6)

— — — — — —

3 Sounding warning in part of London (7)

— — — — — — —

4 Born wild, he runs riot in the city (3,5)

— — — — — — — —

5 Lie about Republican, causing animosity (8)

— — — — — — — —

A	A	A	C	C	C	D	E
E	E	F	G	H	H	I	I
I	I	L	M	N	N	N	O
O	O	P	R	T	T	T	W

212

1 Weapon held back by gatekeeper (4)

— — — —

2 Peg to pay attention to brief laughter (3-3)

— — — — — —

3 Butler in France I succeeded on the day before (6)

— — — — — —

4 Fees we're organising for Scottish church people (3,5)

— — — — — — — —

5 Respected European appeared to keep time (8)

— — — — — — — —

D	E	E	E	E	E	E	E
E	E	E	E	E	E	E	E
E	E	E	F	H	J	M	P
R	S	S	S	T	T	V	W

213

1 Blow nose (4)

— — — —

2 Large mine shaft redirected due to movement of water (5)

— — — — —

3 Happy old you in jolly situation at first (6)

— — — — — —

4 UK-German transfers for Arsenal man? (8)

— — — — — — — —

5 Marian's friend in short gown and fashionable American bonnet (5,4)

— — — — — — — — —

A	A	B	C	D	D	E	G
H	I	I	J	K	K	L	M
N	N	N	O	O	O	O	O
O	R	R	S	T	U	U	Y

214

1 Caribbean houses provided that internet facility (2-2)

— — — —

2 Follow instruction — regularly skip double gym! (4)

— — — —

3 Ancient king, fellow getting stick (5)

— — — — —

4 Area regularly leading to speed charge? (5,4)

— — — — — — — — —

5 Broken in halves no good for vampire hunter (3,7)

— — — — — — — — — —

A	A	A	A	B	D	D	E
E	E	F	G	H	H	I	I
I	L	N	N	O	O	P	R
R	R	R	S	T	V	W	Y

215

1 Recognise a refusal when spoken (4)

— — — —

2 Pithy novel coming (6)

— — — — — —

3 Wide, prickly bush in every respect (6)

— — — — — —

4 Moulded, with crude result ultimately (7)

— — — — — — —

5 Deranged clairvoyant penning books (9)

— — — — — — — — —

C	C	C	G	G	H	H	H
I	I	K	L	L	M	N	N
O	O	O	O	O	P	R	S
T	T	U	W	W	W	Y	Y

216

1 Church worker's cut lip (5)

— — — — —

2 Ancient god adopted by shrewd cleric (6)

— — — — — —

3 Malign priests back to back (6)

— — — — — —

4 Profane clues are briefly abandoned (7)

— — — — — — —

5 Part of France's established church (8)

— — — — — — — —

A	A	C	C	C	E	E	E
E	E	E	E	E	G	I	L
L	N	O	P	R	R	R	R
R	S	T	U	U	V	V	V

217

1 Almost dark? Almost (4)

— — — —

2 Temperature all right for wine (5)

— — — — —

3 Cook is engaged by Scottish bank (6)

— — — — — —

4 Canary Island priest sheltering friend (2,5)

— — — — — — —

5 Fan in seat, wriggling about so (10)

— — — — — — — — — —

A	A	A	A	A	A	B	E
E	G	H	H	I	I	I	K
L	L	M	N	N	O	P	R
S	S	S	T	T	T	U	Y

218

1 Partner in crime: a Yankee? (4)

— — — —

2 Bewildered with unknown factors in home hobby (5)

— — — — —

3 Irish broadcaster in pub making deal (6)

— — — — — —

4 New battery finally made for computer storage unit (8)

— — — — — — — —

5 Pro, one grabbed by English supporter turning to ref (9)

— — — — — — — — —

A	A	A	A	A	B	B	B
B	D	E	E	E	E	E	I
I	R	R	R	R	R	T	T
T	T	T	T	Y	Y	Z	Z

219

1 Film covering team's departure (4)

— — — —

2 Name on hand tool (4)

— — — —

3 Some seriously rich singer's text (5)

— — — — —

4 Sustaining an all-time high (9)

— — — — — — — — —

5 Nodule one fitted in unusual connector (10)

— — — — — — — — — —

A	A	A	C	C	C	E	E
E	I	I	I	I	L	L	L
M	N	N	N	N	O	O	P
R	R	T	T	T	W	X	Y

220

1 Fat Scottish landowner evicting one (4)

— — — —

2 Disregard loud, crude person (5)

— — — — —

3 Unacceptable to entertain current idea (6)

— — — — — —

4 Don't stand up, drinking one drink or another (7)

— — — — — — —

5 Dreary sort left behind loot (10)

— — — — — — — — — —

A	A	D	D	E	E	F	I
I	I	L	L	L	L	M	N
N	O	O	O	O	O	P	P
R	R	S	S	T	T	T	U

221

1 Fine hotel for one well used to saunas? (4)

_ _ _ _

2 Old writer's soft and wrinkly? (5)

_ _ _ _ _

3 Pack animals having problems carrying large volume (6)

_ _ _ _ _ _

4 Ruler of times past, Charlie IV, making comeback (7)

_ _ _ _ _ _ _

5 Returning mother ship in fleet, a source of cheap goods (4,6)

_ _ _ _ _ _ _ _ _ _

A	A	C	E	E	E	E	F
F	I	I	I	K	L	L	L
M	N	N	N	O	O	P	R
R	S	T	V	V	W	Y	Y

222

1 Republican leaves grumpy sort in taxi (3)

_ _ _

2 Girl in special assignment (4)

_ _ _ _

3 Woman left initially forgotten here? (5)

_ _ _ _ _

4 Great one in different age group (10)

_ _ _ _ _ _ _ _ _ _

5 Cryptic clues honed as expected (2,8)

_ _ _ _ _ _ _ _ _ _

A	A	A	B	C	C	D	E
E	E	E	E	F	G	H	H
I	L	L	L	N	N	N	O
O	R	S	S	S	S	T	U

223

1 From the east, drink fit for a king (5)

— — — — —

2 Determined to be temporarily accommodated? (6)

— — — — — —

3 New driver not starting profitable enterprise (6)

— — — — — —

4 Person who flies out of Belgravia — to Rome (7)

— — — — — — —

5 Look, an arrangement of Schubert (8)

— — — — — — — —

A	A	A	A	B	C	E	E
E	E	E	G	H	I	I	L
N	N	N	O	R	R	R	R
R	S	T	T	T	T	U	V

224

1 Long hold-up heading off (4)

— — — —

2 Startle female slipping out of dress (4)

— — — —

3 Common? Not on a butterfly (5)

— — — — —

4 Provisional? Portray me differently (9)

— — — — — — — — —

5 Diane's formal letter is scornful (10)

— — — — — — — — — —

A	A	C	C	C	D	E	E
H	I	I	I	K	M	M	M
M	M	O	O	O	P	R	R
R	S	S	S	T	T	V	Y

225

1 Untouched sweet (4)

— — — —

2 Messenger rang eligible hosts (5)

— — — — —

3 Gift of story book collection (6)

— — — — — —

4 Object after airmen knocked over old copper (8)

— — — — — — — —

5 Symbol worn by past English monarch (9)

— — — — — — — — —

A	A	A	E	E	E	E	F
G	G	G	H	I	I	I	L
L	M	N	N	N	N	N	O
R	R	S	T	T	T	T	V

226

1 Dull little film about father recalled (5)

— — — — —

2 Fish go across pond in winter? (5)

— — — — —

3 As it were, Genevieve's gentle touch? (6)

— — — — — —

4 Washington daily rarely attacked (7)

— — — — — — —

5 One of a pair used to eat meat with jam (9)

— — — — — — — — —

A	A	A	A	A	C	C	C
D	D	E	E	H	I	I	I
K	K	L	O	P	P	R	S
S	S	S	T	T	V	W	Y

1 Push back pariah, recoiling (5)

— — — — —

2 Composition that's charming to listen to (5)

— — — — —

3 Holy wine's on fire, almost (6)

— — — — — —

4 Fox, say, and pine in quite a few yards (7)

— — — — — — —

5 Race to join advisory group for transport panel (9)

— — — — — — — — —

A	A	A	B	C	D	D	D
E	E	E	E	F	G	H	I
L	L	N	O	O	P	R	R
R	R	S	S	S	T	U	U

1 Haughty greeting heard (4)

— — — —

2 Emperor and king arise, drunk (6)

— — — — — —

3 Relatives from America in the money (7)

— — — — — — —

4 What's seen during game as less childish complaint (7)

— — — — — — —

5 Farm hand, Pinter's first woman in cast (8)

— — — — — — — —

A	A	C	D	E	E	E	E
E	G	H	H	H	H	I	I
I	K	L	M	N	O	P	R
R	S	S	S	S	S	S	U

229

1 Boy returned with German brother (5)

— — — — —

2 Global promise Left must break (5)

— — — — —

3 Good to get up complaint (6)

— — — — — —

4 Copper symbolically spoken of for so long (3,3)

— — — — — —

5 Observed bed spattered with treacle (10)

— — — — — — — — — —

A	B	C	D	D	E	E	E
E	E	E	G	I	L	L	M
M	O	O	O	R	R	R	S
S	T	T	U	U	W	Y	Y

230

1 Like figure in Chamber of Horrors area, entering with axes (4)

— — — —

2 Iron Lady's title in France as foreign woman (5)

— — — — —

3 Unpretentious quality of farm enclosure, after a fashion (7)

— — — — — — —

4 Roughly remove nettle (4,3)

— — — — — — —

5 Untidily fit odd row in maritime log? (9)

— — — — — — — — —

A	A	C	D	D	D	E	E
E	F	F	F	F	H	I	K
M	M	M	O	O	O	O	R
S	T	T	W	W	X	Y	Y

231

1 Fresh kipper, tasty in part (4)

_ _ _ _

2 It should be great for surfing dude (5)

_ _ _ _ _

3 Escape cold and warm up (5)

_ _ _ _ _

4 Daring trip Enid organised (8)

_ _ _ _ _ _ _ _

5 Back light switched on by an American (10)

_ _ _ _ _ _ _ _ _ _

A	A	A	A	C	D	D	E
E	E	E	E	E	H	I	I
L	L	L	N	N	P	P	R
R	R	S	T	T	T	W	W

232

1 Post Office receiving stolen image (5)

_ _ _ _ _

2 Small cat in pot (5)

_ _ _ _ _

3 As if bust business is a disaster (6)

_ _ _ _ _ _

4 Pedestrian to be busy with instrument (7)

_ _ _ _ _ _ _

5 Almost provide cover for fellow rebel (9)

_ _ _ _ _ _ _ _ _

A	C	D	E	F	G	H	H
I	I	I	K	M	M	N	N
O	O	O	P	R	R	S	S
T	T	T	T	U	U	U	Y

233

1 Celebrity in stage musical (4)

— — — —

2 Leave port, reportedly for market (4)

— — — —

3 Feature some extra items (5)

— — — — —

4 Crooks ruined top firm (4-5)

— — — — — — — — —

5 Unnerve character returning in broken-down old car (10)

— — — — — — — — — —

A	A	A	A	A	C	D	E
E	E	F	I	I	K	L	L
L	M	O	O	P	R	R	R
R	S	S	T	T	T	T	T

234

1 Accomplished person teaching students English (4)

— — — —

2 Smallest article a stockist has in store (5)

— — — — —

3 Reproduced softer wood on a large scale (6)

— — — — — —

4 Bird has these parents protecting eggs, primarily (8)

— — — — — — — —

5 Reproved, Charlie got a move on (9)

— — — — — — — — —

A	A	A	C	D	D	E	E
E	E	E	E	E	F	F	H
H	L	N	N	O	O	R	R
S	S	S	S	T	T	T	T

235

1 Ceremony, lawful by the sound of it (4)

— — — —

2 Got rid of outhouse (4)

— — — —

3 Dye in vat in tannery (4)

— — — —

4 Great hotel destroyed, completely (10)

— — — — — — — — — —

5 Fly low – nerve shown (10)

— — — — — — — — — —

A	B	B	D	E	E	E	E
E	E	G	H	H	I	I	L
L	L	N	O	O	R	R	S
T	T	T	T	T	T	T	U

236

1 States party types must get rid of leader (5)

— — — — —

2 What you may need to see these details? (5)

— — — — —

3 Strange boy, likely to succeed? (4,2)

— — — — — —

4 Female author has to run away (8)

— — — — — — — —

5 Charlie hosts it differently from Angus? (8)

— — — — — — — —

A	C	C	D	D	E	E	E
E	E	H	I	L	N	N	O
O	O	O	P	P	P	R	S
S	S	S	S	S	T	T	V

237

1 Take in rice pudding after returning sandwiches (4)

— — — —

2 Sheen of stone with lead on outside (6)

— — — — — —

3 Bone in back with lump in the middle (7)

— — — — — — —

4 Love Japanese drama — an obsession (7)

— — — — — — —

5 One relents after upsetting recruit again (2-6)

— — — — — — — —

D	E	E	E	E	E	G	H
I	I	L	L	M	N	N	N
N	O	P	R	R	R	S	S
S	T	T	T	T	U	U	U

238

1 Time off in Scotland? (4)

— — — —

2 Some rusty little needles (5)

— — — — —

3 Good college board (3,2)

— — — — —

4 Len's worse off but not possessed (9)

— — — — — — — — —

5 Wesleyan satisfied with heat enveloping Hades (9)

— — — — — — — — —

D	E	E	E	E	G	H	I
I	L	L	M	N	N	N	N
O	O	O	O	O	R	S	S
S	S	T	T	T	T	W	Y

Cryptic Puzzles

251

239

1 Tailless red fish (4)

— — — —

2 Hero finally consumed near pole (5)

— — — — —

3 Overhauled Liberal views to be revolutionary (6)

— — — — — —

4 Rubbish own goal was hard on Hearts (7)

— — — — — — —

5 Location of plants at a tied cottage? (4,6)

— — — — — — — — — —

A	A	A	D	D	D	E	E
E	G	G	H	H	I	K	L
N	N	O	O	O	R	R	S
S	S	T	T	U	V	W	W

240

1 Dressing part of well in Tissington (4)

— — — —

2 Fate of king is settled (6)

— — — — — —

3 Correspondence from one in political organisation (6)

— — — — — —

4 Embarrassed top MP (6)

— — — — — —

5 Monument: one layer within gets treated (10)

— — — — — — — — — —

A	A	C	D	E	E	E	E
E	G	H	I	I	I	K	L
M	N	N	N	O	P	P	R
R	S	S	T	T	T	T	Y

241

1 Bloody, fighting back (3)

— — —

2 Timid and visibly wounded, losing heart (6)

— — — — — —

3 Egypt's last queen died, beaten (6)

— — — — — —

4 Tea urns bizarrely full of English wine (8)

— — — — — — — —

5 Player left on board with crew (9)

— — — — — — — — —

A	A	A	A	A	C	D	D
E	E	E	E	M	N	N	N
N	O	P	R	R	R	R	S
S	S	S	T	T	T	U	W

242

1 Confused by speaking (5)

— — — — —

2 Quiet? Wrong, it's a loud utterance (5)

— — — — —

3 No clergymen accepting kiss and loose behaviour (6)

— — — — — —

4 Mostly horrible time in concealed location (7)

— — — — — — —

5 Chief to get up behind soldier (9)

— — — — — — — — —

A	A	A	D	E	E	H	H
H	I	I	L	M	N	O	O
O	P	R	R	S	T	T	T
T	T	U	U	U	W	X	Y

243

1 Puppet to sack, after backing (4)

— — — —

2 Similar to Liberal President once (4)

— — — —

3 Dope from hostelry in New York (5)

— — — — —

4 Distortion of law this, or abuse of justice (4,5)

— — — — — — — — —

5 Do better in theatre, unconscious with anaesthetic (10)

— — — — — — — — — —

A	A	E	E	E	G	H	I
I	I	K	L	L	L	L	N
N	N	N	O	O	O	O	R
R	S	T	T	T	U	W	Y

244

1 Sound produced by ranks increased (4)

— — — —

2 Demon provided spinning target (5)

— — — — —

3 Solitary lady's man in trouble at first (6)

— — — — — —

4 I must leave promptly after golf, wheyfaced (7)

— — — — — — —

5 Learner's patience snaps when PR's involved (10)

— — — — — — — — — —

A	A	C	D	E	E	E	E
E	F	G	H	H	I	I	I
L	M	N	N	O	P	P	R
R	R	S	S	T	T	T	Y

245

1 Spare glove, allowed to be dropped (5)

_ _ _ _ _

2 Question a sailor finding land (5)

_ _ _ _ _

3 Resistance in school: spoil language textbook? (7)

_ _ _ _ _ _ _

4 Assessing joke about posh drink (7)

_ _ _ _ _ _ _

5 Verse to the French queen, recalled by retinue (8)

_ _ _ _ _ _ _ _

A	A	A	A	A	A	A	A
G	G	G	G	G	I	I	M
M	N	N	N	Q	Q	R	R
R	R	T	T	T	U	U	U

246

1 Dumped woman departs (4)

_ _ _ _

2 Record pianist in recital (4)

_ _ _ _

3 Bitterness evident in Tehran courtroom (7)

_ _ _ _ _ _ _

4 Smelliest station is in Paris (7)

_ _ _ _ _ _ _

5 Another blanket for one in the field (5,5)

_ _ _ _ _ _ _ _ _ _

A	A	A	C	C	D	E	E
E	E	H	I	K	L	N	N
O	O	R	R	R	R	R	S
S	S	T	T	T	U	V	X

247

1 Email, I believe, contains a defamatory statement (5)

— — — — —

2 Find and copy (5)

— — — — —

3 Hold back Greek character during row (6)

— — — — — —

4 Woodwind instrument that could be graduate's shortly (7)

— — — — — — —

5 Band in chart rose unexpectedly (9)

— — — — — — — — —

A	A	A	A	B	B	C	C
D	E	E	E	E	H	I	I
L	L	N	N	O	O	O	R
R	R	S	S	S	T	T	T

248

1 Slander letter initially dealt (3)

— — —

2 Little runner sick after start of race (4)

— — — —

3 Navy getting positive vote before long (5)

— — — — —

4 Complex schemer in Michaelmas term? Indeed! (10)

— — — — — — — — — —

5 MP in long grass recalled (10)

— — — — — — — — — —

A	A	B	D	D	D	E	E
E	E	E	E	I	I	L	L
M	M	M	M	M	N	N	R
R	R	R	R	S	T	U	Y

249

1 Attempt to tax judge (3)

— — —

2 Wanted league of ladies abandoned (6)

— — — — — —

3 Bond engaged in long case (7)

— — — — — — —

4 Against putting on airs after work (8)

— — — — — — — —

5 Prepare to fight as market's trashed (4,4)

— — — — — — — —

A	A	A	D	E	E	E	G
H	I	I	I	K	M	N	N
O	O	P	P	P	R	R	S
S	S	T	T	T	W	Y

250

1 Uncertain moment after judge has departed (4)

— — — —

2 Nap? A mistake! (5)

— — — — —

3 FBI agent arresting a couple of females dithered (6)

— — — — — —

4 Cricket side found to be playing not well? (3,4)

— — — — — — —

5 Shared equally what's found in middle of cellar? (5-5)

— — — — — — — — — —

A	D	E	F	F	F	F	F
F	F	F	F	F	F	F	F
F	F	I	I	I	L	M	O
O	R	T	T	U	Y	Y	Y

Solutions

Concise

1	1 Seal	**10**	1 Fort	**19**	1 Curt
	2 Noise		2 Xenon		2 Spell
	3 Cordial		3 Radius		3 Mojito
	4 Convert		4 Historic		4 Foolish
	5 Guacamole		5 Embellish		5 Raging Bull
2	1 Fang	**11**	1 Quip	**20**	1 Amaze
	2 Quebec		2 Bebop		2 Heron
	3 Grisly		3 Docile		3 Mascot
	4 Fodder		4 Consent		4 Respire
	5 Copernicus		5 Pine marten		5 Roald Dahl
3	1 Slog	**12**	1 Slug	**21**	1 Hub
	2 Nude		2 Alumni		2 Catnap
	3 Holster		3 Escape		3 Monarch
	4 Frequent		4 Spinach		4 Brasilia
	5 Digitalis		5 Decathlon		5 Colossal
4	1 Coax	**13**	1 Gong	**22**	1 Vary
	2 Azure		2 Tough		2 Nebula
	3 Rubicon		3 Kidney		3 Jargon
	4 Swallow		4 Megabyte		4 Estuary
	5 Notoriety		5 Sutton Hoo		5 Cymbeline
5	1 Kin	**14**	1 Gin	**23**	1 Kiln
	2 Solid		2 Suave		2 Gusty
	3 Hemlock		3 Hotline		3 Cicero
	4 Dialect		4 Pashmina		4 Snippet
	5 Cairngorms		5 Destroyer		5 Paper tiger
6	1 Peak	**15**	1 Down	**24**	1 Wisp
	2 Disco		2 Sling		2 Toxic
	3 Chasten		3 Yield		3 Old hat
	4 Finland		4 Luminous		4 Victory
	5 Reshuffle		5 Thomas More		5 French horn
7	1 Eros	**16**	1 Bass	**25**	1 Nine
	2 Maybe		2 Surrey		2 Broad
	3 Shandy		3 Optical		3 Kowloon
	4 Genteel		4 Bizarre		4 Pergola
	5 Edgar Degas		5 Prologue		5 Dachshund
8	1 Queen	**17**	1 Lush	**26**	1 Boom
	2 Valve		2 Brief		2 Saxony
	3 Settle		3 Cubism		3 Raccoon
	4 Black ice		4 Pretzel		4 Enforce
	5 Jane Eyre		5 Home Office		5 Eva Peron
9	1 Cop	**18**	1 Font	**27**	1 Rage
	2 Ragged		2 Hence		2 Motif
	3 Origin		3 Isobar		3 Indigo
	4 Cassock		4 Posture		4 Culpable
	5 Windermere		5 Convoluted		5 Paso doble

Concise Solutions

28	1 Wit	37	1 Guru	46	1 Debt
	2 Hurdle		2 Hurry		2 Fully
	3 Coarse		3 Veneer		3 Phobia
	4 Balmoral		4 Proverb		4 Labrador
	5 Panatella		5 James Brown		5 Ignoramus
29	1 Mope	38	1 Fond	47	1 Pool
	2 Audit		2 Ditty		2 Hindi
	3 Dynamo		3 Outfox		3 Ursine
	4 Lenient		4 Keepsake		4 Procure
	5 Pythagoras		5 Professor		5 Aquamarine
30	1 Putt	39	1 Ham	48	1 Toil
	2 Binge		2 Cudgel		2 Scrap
	3 Curate		3 Crocus		3 Iodine
	4 Rummage		4 Monitor		4 Hopeful
	5 Nova Scotia		5 Relinquish		5 Loch Lomond
31	1 Gym	40	1 Text	49	1 Lung
	2 Honest		2 Waffle		2 Hotpot
	3 Zither		3 Placid		3 Target
	4 Perfume		4 Lambast		4 Snooze
	5 Diplodocus		5 Snowdonia		5 Roadrunner
32	1 Vast	41	1 Jute	50	1 Skid
	2 Effort		2 Hairy		2 Divot
	3 Proper		3 Kelvin		3 Opaque
	4 Glow-worm		4 Sideshow		4 Manicure
	5 Moby-Dick		5 Witch-hunt		5 John Adams
33	1 Aria	42	1 Chad	51	1 Bow
	2 Medic		2 March		2 Fresco
	3 Fission		3 Earwig		3 Quarrel
	4 Quibble		4 Thorough		4 Pleasant
	5 David Hume		5 Sideboard		5 Operetta
34	1 Mint	43	1 Acre	52	1 Rife
	2 Covet		2 Dizzy		2 Jetty
	3 Occult		3 Zoology		3 Morale
	4 Kingdom		4 Private		4 Claudius
	5 Darjeeling		5 Sunflower		5 Frivolous
35	1 Doe	44	1 Now	53	1 Guts
	2 Petra		2 Leeds		2 Piety
	3 Impure		3 Collect		3 Liqueur
	4 Cerebral		4 Apostle		4 Conquer
	5 Juggernaut		5 Oscar Wilde		5 Arthropod
36	1 Bait	45	1 Genie	54	1 Ming
	2 Joust		2 Virgo		2 Clerk
	3 Smooth		3 Jungle		3 Quiche
	4 Nightie		4 Definite		4 Desolate
	5 Matterhorn		5 Coq au vin		5 Off chance

55	1 Yale	64	1 Stew	73	1 Woo
	2 Bribe		2 Shout		2 Seven
	3 Sprite		3 Throne		3 Licence
	4 Possess		4 Stealthy		4 Tequila
	5 Litmus test		5 Encompass		5 Ian Fleming
56	1 Worm	65	1 Axis	74	1 Wind
	2 Rhyme		2 Tenor		2 Hoover
	3 Doodle		3 Bow tie		3 Asking
	4 Culprit		4 Opening		4 Vicious
	5 Franz Liszt		5 Back number		5 Catch fire
57	1 Flex	66	1 Funk	75	1 Jack
	2 Wisdom		2 Woods		2 Matter
	3 Velvet		3 Mediate		3 Stable
	4 Masterly		4 Strange		4 Dumbbell
	5 Monopoly		5 Statesman		5 The Doors
58	1 Lack	67	1 Tax	76	1 Sect
	2 Pupil		2 Mace		2 Minsk
	3 Goblet		3 Javelin		3 Horizon
	4 Look out		4 Dandelion		4 Well-to-do
	5 Lough Neagh		5 Have it out		5 Half-time
59	1 Lax	68	1 Rosy	77	1 Pine
	2 Quito		2 Eight		2 Spruce
	3 Gimmick		3 Sooty		3 Cyprus
	4 Megalith		4 Sandwich		4 Firkin
	5 Conundrum		5 Pete Seeger		5 The Needles
60	1 Brook	69	1 Sandy	78	1 Bold
	2 Spawn		2 Bedsit		2 Court
	3 Viking		3 Lighten		3 Run out
	4 Duchess		4 Buzzard		4 Stumped
	5 Weeknight		5 Anthill		5 Forefinger
61	1 Tome	70	1 Undo	79	1 Gasp
	2 Soya		2 Encore		2 Foil
	3 Knuckle		3 Origami		3 Repeat
	4 Briefing		4 Gondola		4 Coalition
	5 Mark Twain		5 Footnote		5 Carbonara
62	1 Mac	71	1 Lab	80	1 Open
	2 Hermit		2 Bell		2 Trick
	3 Shuffle		3 Damson		3 Oregon
	4 Fiddler		4 Merciless		4 Treatise
	5 Crab apple		5 Skateboard		5 Bewitched
63	1 Wave	72	1 Tarn	81	1 Tray
	2 Proof		2 Weird		2 Shrink
	3 Horror		3 Orator		3 Kitsch
	4 Therapy		4 High wire		4 Moldova
	5 Aftershock		5 Underhand		5 Alf Ramsey

82	1 Kink	91	1 Room	100	1 Usher
	2 Skunk		2 Trade		2 Rumpus
	3 Chukka		3 No one		3 Damsel
	4 Pickwick		4 Dartmoor		4 Ordinal
	5 Karakoram		5 Palindrome		5 Resident

83	1 Crumb	92	1 Sky	101	1 Halls
	2 Chèvre		2 Ultra		2 Wealth
	3 Yellow		3 Marine		3 Attend
	4 Hammer		4 Sapphire		4 Swelter
	5 Singalong		5 Miles Davis		5 St Helena

84	1 Flare	93	1 Soak	102	1 So-so
	2 Roman		2 Slime		2 Cancan
	3 Candle		3 Brash		3 Pom-pom
	4 Banger		4 Overwhelm		4 Aye-aye
	5 Stephenson		5 Tree trunk		5 Double take

85	1 Fire	94	1 Cliff	103	1 May
	2 Stone		2 Warren		2 Deacon
	3 Prince		3 Victor		3 Tailor
	4 Phoenix		4 Norman		4 Mercury
	5 Ceramicist		5 Man Friday		5 Queensland

86	1 Mars	95	1 A to Z	104	1 Cook
	2 Twirl		2 Shovel		2 Pilot
	3 Bounty		3 Byword		3 Copper
	4 Penguin		4 Quick fix		4 Engineer
	5 Coco Chanel		5 Long jump		5 Steve Jobs

87	1 Tuck	96	1 Bishop	105	1 Calf
	2 Much		2 Walker		2 Quad
	3 Scarlet		3 Bellow		3 Radius
	4 Hoodwink		4 Pullet		4 Humorous
	5 Merriment		5 Surprise		5 Arm and a leg

88	1 Cramp	97	1 Teal	106	1 Scot
	2 Lewes		2 Ruddy		2 Brains
	3 Stupor		3 Mallard		3 Parker
	4 Clamber		4 Mandarin		4 Penelope
	5 Sheepfold		5 Quackery		5 Fabulous

89	1 Bar	98	1 Zany	107	1 Argo
	2 Coward		2 Stink		2 Raven
	3 Sleeves		3 Mamba		3 Rockery
	4 Paragon		4 Recognise		4 Harmless
	5 Mock-Tudor		5 Lord Byron		5 Seafront

90	1 Knot	99	1 Hit	108	1 Rest
	2 Rustle		2 Webbed		2 Spider
	3 French		3 Hatchet		3 Pocket
	4 Butler		4 Colditz		4 Plant pot
	5 Gamekeeper		5 Countdown		5 Crucible

109	1 Music	118	1 Peru	127	1 Pearl
	2 Under		2 Reed		2 Partly
	3 Grand		3 Tarmac		3 Riding
	4 Umbrella		4 Bacteria		4 Gelato
	5 Withstand		5 Contraflow		5 Treehouse
110	1 Rapt	119	1 Baby	128	1 Turin
	2 Troop		2 Lonely		2 Titled
	3 Torpor		3 Rhodes		3 Covert
	4 Rapport		4 Geezer		4 Hurtle
	5 Andy Warhol		5 Wonderland		5 Dover sole
111	1 Green	120	1 Tiny	129	1 Matt
	2 James		2 Plead		2 Ease
	3 Seaman		3 Irony		3 Low-tech
	4 Flowers		4 Neonatal		4 Toulouse
	5 Number one		5 Elementary		5 Becquerel
112	1 Caddy	121	1 Baker	130	1 Coup
	2 Gecko		2 Fleet		2 Hoot
	3 Sarong		3 Regent		3 Cocker
	4 Gingham		4 Oxford		4 Toodle-oo
	5 Himalayas		5 Jack London		5 Going cheap
113	1 Fin	122	1 Macaw	131	1 Oar
	2 Blue		2 Alamo		2 Adieu
	3 Killer		3 Caber		3 Oyster
	4 Greenland		4 Amended		4 Godchild
	5 Josey Wales		5 Word square		5 Art Nouveau
114	1 Retire	123	1 Romp	132	1 Hog
	2 Emblem		2 Cairn		2 Manet
	3 Eraser		3 Merlin		3 Cauldron
	4 George		4 Maracas		4 Languish
	5 Re-emerge		5 Capitalism		5 Busyness
115	1 Fig	124	1 Among	133	1 Leaf
	2 Hijack		2 Sweden		2 Anew
	3 Gambled		3 Ersatz		3 Turnover
	4 Jamaica		4 Unsung		4 Goodyear
	5 Half-baked		5 Carpe diem		5 Everyone
116	1 Rule	125	1 Party	134	1 Flute
	2 Brie		2 Punch		2 Snout
	3 Tenure		3 Switch		3 Quince
	4 The Waves		4 Wobbly		4 Bottom
	5 Thomas Arne		5 Throne room		5 Mechanical
117	1 Stay	126	1 Revel	135	1 Beck
	2 Douse		2 Lever		2 Perry
	3 Bootees		3 Peeved		3 Dunnock
	4 Dribble		4 Revert		4 Crofter
	5 Backwater		5 Bette Davis		5 Low comedy

136	1 Paul	145	1 Iron	154	1 Heir
	2 On ice		2 Boot		2 Gnome
	3 Parish		3 Terrier		3 Psalm
	4 Tenancy		4 Thimble		4 Mnemonic
	5 French Open		5 Monopolise		5 Nonstarter
137	1 Eggs	146	1 Trio	155	1 Ages
	2 Marx		2 Height		2 Bails
	3 Despot		3 Echoic		3 Siena
	4 Obnoxious		4 Emanate		4 Arrogant
	5 Orchestra		5 Head-to-toe		5 Mixed herbs
138	1 Alms	147	1 Spot	156	1 Pride
	2 Nymph		2 Roof		2 Sloth
	3 Macho		3 Bottle		3 Lustre
	4 Banknote		4 Headlines		4 Clanger
	5 Speed limit		5 Hit parade		5 Sinusitis
139	1 Dodo	148	1 Tom	157	1 Moth
	2 Mire		2 Major		2 Nadir
	3 Sofa bed		3 Ground		3 Jaunty
	4 Lateral		4 Contralto		4 Asterix
	5 Scale model		5 Delighted		5 John Buchan
140	1 Wilt	149	1 Brand	158	1 Boss
	2 Staff		2 Doyen		2 Yacht
	3 Middle		3 Trouble		3 Easel
	4 Hunting		4 Neurone		4 Splinter
	5 Shire horse		5 Currency		5 Going Dutch
141	1 Love	150	1 Probe	159	1 Pilfer
	2 Duck		2 Award		2 Reward
	3 Naughty		3 Twitch		3 Draw up
	4 Zip code		4 Bullion		4 Punjab
	5 Roy Orbison		5 Chronicle		5 Backflip
142	1 Slam	151	1 Humus	160	1 Hover
	2 Deal		2 Donor		2 Crane
	3 Slander		3 Bikini		3 Dragon
	4 Sherwood		4 Leveret		4 Butter
	5 Eye-opener		5 Catamaran		5 Fly fishing
143	1 Grasp	152	1 Bray	161	1 Face
	2 Welder		2 Spike		2 Lift
	3 Slogan		3 Stench		3 Backpack
	4 Chuckle		4 Encroach		4 Hong Kong
	5 Beriberi		5 Unselfish		5 Roly-poly
144	1 Moss	153	1 Light	162	1 Crete
	2 Hills		2 Chord		2 Juror
	3 Button		3 Bargain		3 Trial
	4 Hamilton		4 Balance		4 Permeate
	5 Formulaic		5 Striking		5 Stratagem

163	1 Door	172	1 Earth	181	1 Spine
	2 Diving		2 Employ		2 Grease
	3 Tinker		3 Spartan		3 Hungry
	4 School		4 Against		4 Cypress
	5 Dead ringer		5 Persian		5 Euphonic
164	1 Ion	173	1 Atom	182	1 Tram
	2 Plush		2 Kitty		2 Film
	3 Sevens		3 Smoggy		3 Pro bono
	4 Plus fours		4 Lifeline		4 Erudite
	5 Twenty-one		5 Catalogue		5 Mary Anning
165	1 Maya	174	1 Java	183	1 Rally
	2 Pitta		2 Basic		2 Range
	3 Brownie		3 Python		3 Ration
	4 Majorca		4 Assembly		4 Mission
	5 Prime time		5 Code-named		5 First love
166	1 Curl	175	1 Odd	184	1 Kilt
	2 Wither		2 Beach		2 Omega
	3 Powell		3 Crystal		3 Giggle
	4 Airing		4 Medicine		4 Et cetera
	5 Jan Vermeer		5 Have a ball		5 Magnitude
167	1 NVQ	176	1 Villa	185	1 Join
	2 Woozy		2 Palace		2 Pall
	3 Proxy		3 Forest		3 Georgian
	4 Torturous		4 Stanley		4 Ring road
	5 Topsy-turvy		5 Sidekick		5 Beetling
168	1 King	177	1 Romeo	186	1 Full
	2 Fairy		2 Alpha		2 Bleak
	3 Emperor		3 India		3 Public
	4 Macaroni		4 November		4 Somerset
	5 Pick-me-up		5 Rainmaker		5 Housework
169	1 Nose	178	1 Hall	187	1 Frog
	2 Aries		2 Ghana		2 Moist
	3 Pancake		3 Holding		3 Ganges
	4 Sprinkle		4 Marshal		4 Smoking
	5 Limerick		5 Wind speed		5 Cloud cover
170	1 Crown	179	1 Tube	188	1 Ruby
	2 Bowler		2 Eeyore		2 Cherry
	3 Bonnet		3 Nought		3 Maroon
	4 Panama		4 Torbay		4 Sanguine
	5 Matt Busby		5 Danish Blue		5 Red alert
171	1 Dear	180	1 Priest	189	1 Want
	2 Sweetie		2 Esprit		2 Tool
	3 Darling		3 Ripest		3 Freesia
	4 Beloved		4 Stripe		4 Foresee
	5 Red card		5 Recycled		5 Counteract

190 1 Mail
2 Star
3 Standard
4 Guardian
5 Rag trade

191 1 Barn
2 Snowy
3 Little
4 Screech
5 Parliament

192 1 Beech
2 Bugle
3 Pedant
4 Briefly
5 Spiderweb

193 1 LED
2 Pager
3 Supplant
4 Dow Jones
5 Bonhomie

194 1 Scree
2 Presto
3 Easter
4 Collage
5 Entailed

195 1 Haka
2 Gaggle
3 Cockle
4 Daughter
5 Stitches

196 1 Dough
2 Bough
3 Trough
4 Thorough
5 Eye rhyme

197 1 Reap
2 Mile
3 Cheap
4 Argentine
5 Fruit salad

198 1 Liner
2 Timing
3 Cheers
4 Poster
5 Head count

199 1 Inch
2 Per pro
3 Red Sea
4 Bar-stool
5 Go halves

200 1 Spear
2 Flung
3 Siskin
4 Deliver
5 Glamorgan

201 1 Pluto
2 Droopy
3 Bouncer
4 Grommet
5 Dog Star

202 1 Lost
2 Shrew
3 Windsor
4 Nothing
5 Last laugh

203 1 Mod
2 Biff
3 Jiggled
4 Blackjack
5 Phnom Penh

204 1 Pals
2 Toga
3 Egypt
4 Intellect
5 Mark Antony

205 1 Tent
2 Hunch
3 Thought
4 Millais
5 Power base

206 1 Bath
2 Risk
3 Gauntlet
4 Business
5 Run for it

207 1 Disown
2 Shogun
3 Spigot
4 Onboard
5 Swinery

208 1 Guild
2 Staple
3 Castle
4 Hunger
5 Henry Ford

209 1 Hobart
2 Locket
3 Reboot
4 Finery
5 Backbone

210 1 Mate
2 Gold
3 Errand
4 Paradise
5 Gooseberry

211 1 Back
2 Moody
3 Wilco
4 Greenwood
5 Cup-holder

212 1 Ad-lib
2 Crowd
3 Engulf
4 Glitch
5 Side effect

213 1 Pip
2 Wave
3 Cricket
4 Pacemaker
5 Playgroup

214 1 Hunt
2 Gnash
3 Bacon
4 Constable
5 Canvasser

215 1 North
2 Anger
3 Abbey
4 Moorland
5 Catherine

216 1 Bard
2 Innate
3 Publish
4 Taverna
5 Landlord

217 1 Ride
2 Cows
3 Sundown
4 Braiding
5 Radio wave

218 1 Marsh
2 Great
3 Willow
4 Bearded
5 Tit-for-tat

219 1 Feel
2 Filth
3 Foray
4 Fumigate
5 Jack-the-lad

220 1 Tar
2 Come
3 Meter
4 Dwarf plant
5 Dark matter

221 1 Money
2 Fix up
3 Teach
4 Spangle
5 Spoonerism

222 1 Sway
2 Arrow
3 Biplane
4 Enclose
5 On the Road

223 1 Inner
2 Count
3 Reach
4 Orchard
5 Thomas Gray

224 1 Wood
2 Wedge
3 Driver
4 Chipper
5 Shot-putter

225 1 Night
2 Fiddle
3 Degree
4 Estate
5 Columnist

226 1 Bin
2 Glass
3 Goggle
4 Spectacle
5 Foresight

227 1 Agree
2 Serge
3 Reggae
4 Stagger
5 Segregate

228 1 Eton
2 Flounce
3 Impound
4 Program
5 Weigh-in

229 1 Work
2 Class
3 Broken
4 Wedding
5 Follow suit

230 1 Drum
2 Butt
3 Barrel
4 Cylinder
5 Gary Cooper

231 1 Able
2 Table
3 Stable
4 Unstable
5 Dunstable

232 1 Whoop
2 Wring
3 Sloop
4 Halogen
5 Semicircle

233 1 Brown
2 Croat
3 Banner
4 Chilling
5 Exchange

234 1 Grin
2 Bring
3 Ingrate
4 Sangria
5 Ring Cycle

235 1 Weed
2 Urchin
3 Squirt
4 Cucumber
5 All at sea

236 1 Baht
2 Homer
3 Crusty
4 Flanders
5 Margarine

237 1 Sage
2 Neaten
3 Prising
4 Pending
5 After you

238 1 Flake
2 Spool
3 Ponder
4 Tarnish
5 Hold water

239 1 Scull
2 Trout
3 Jibing
4 Annual
5 Jolly Roger

240 1 Jack
2 Salt
3 Hearty
4 Tarpaulin
5 Craftsman

241 1 Redo
2 Allergy
3 Gallery
4 Largely
5 Regally

242 1 Buck
2 Ascent
3 Nickel
4 Quarter
5 Dimension

243 1 Fry
2 Poach
3 Pickle
4 Scramble
5 Hard-boiled

244
1 Jamb
2 Whoa
3 Remit
4 Yesterday
5 Triple time

245
1 Ammo
2 Array
3 Ascot
4 Adjusting
5 Alpha male

246
1 Dale
2 Aloof
3 Baltic
4 Madrassa
5 Currycomb

247
1 Chest
2 Clock
3 Bounds
4 Retreat
5 Mrs Beeton

248
1 Mat
2 Mark
3 Lukewarm
4 John Dory
5 Bookmaker

249
1 Flak
2 Urban
3 Polaris
4 Stamped
5 East ender

250
1 Gully
2 Cover
3 Slip-up
4 Third Man
5 Fielding

Cryptic

1
1 Beck
2 Merge
3 Strive
4 Advanced
5 Thrashing

2
1 John
2 Ajax
3 Jabber
4 Conjuror
5 Carjacking

3
1 Hick
2 Herod
3 Limited
4 Belabour
5 By George

4
1 Eye
2 Knew
3 Grasp
4 Forecastle
5 Sweetheart

5
1 Worn
2 World
3 Squads
4 Quotient
5 Stipulate

6
1 Vial
2 Saver
3 Solve
4 Verbally
5 Villainous

7
1 Grin
2 Single
3 Earning
4 Wastage
5 Delaware

8
1 Cock
2 Object
3 Hipbath
4 Pinkish
5 Expertly

9
1 Acid
2 Just
3 Lasts
4 Seditious
5 Propaganda

10
1 Tees
2 Corfu
3 Chide
4 Spinnaker
5 Bridewell

11
1 Xis
2 Jape
3 Penguin
4 Abstruse
5 Jubjub bird

12
1 New
2 South
3 Wales
4 Adventure
5 Playground

13
1 Iron
2 Minim
3 Abates
4 Lemonade
5 Migration

14
1 Spot
2 Pasty
3 Restore
4 Toronto
5 Statelier

15
1 Foxy
2 Quaff
3 Fickle
4 On the QT
5 Lacklustre

16
1 Hawk
2 Seemed
3 Gloomy
4 Skyline
5 Partridge

17
1 Pass
2 Mayor
3 Doyen
4 Pretoria
5 Dorian Gray

18
1 Wire
2 Yearn
3 Knave
4 Informer
5 Nutcracker

19
1 Cut
2 Sharp
3 Compete
4 Shutter
5 Chancellor

20
1 Spat
2 Foray
3 Grange
4 Garbage
5 Stronghold

21
1 Drop
2 Pool
3 Elver
4 Friesland
5 Well-wisher

22
1 Veto
2 Manet
3 Impact
4 Hastier
5 Gravestone

23
1 Dory
2 Career
3 Haggle
4 Mugging
5 Gradgrind

24
1 Hale
2 Cash
3 Monarch
4 Hacksaw
5 Shot-putter

25
1 Axis
2 Puff
3 Kestrel
4 Black dog
5 Motorcade

26
1 Pig
2 Askew
3 Pardon
4 Betrothal
5 Posterior

27
1 Skim
2 Evoke
3 Buckram
4 Kidskin
5 Blackjack

Cryptic Solutions

28	1 Oaks	37	1 Leg	46	1 Days
	2 Baker		2 Oath		2 Backs
	3 Blemish		3 Brownie		3 Chump
	4 Playful		4 Evocative		4 Flanders
	5 Feathered		5 Reinforce		5 Oscar Wilde
29	1 Rip	38	1 Top	47	1 Sic
	2 Van		2 Grid		2 Gloria
	3 Winkle		3 Baton		3 Monday
	4 Industrial		4 Basketball		4 Transit
	5 Revolution		5 Conveyance		5 Ozymandias
30	1 Case	39	1 Pip	48	1 Ache
	2 Sheen		2 Cope		2 Crook
	3 Total		3 Dakota		3 Vermin
	4 Promotion		4 Perspired		4 Logical
	5 Reproduce		5 Drainpipes		5 Adolescent
31	1 Goon	40	1 Jobs	49	1 Fall
	2 Saga		2 Lima		2 Couch
	3 Flummox		3 Nightie		3 Mortal
	4 Appendix		4 Platoon		4 Voltaire
	5 Extradite		5 Inundating		5 Swineherd
32	1 Gall	41	1 Gazed	50	1 Boo
	2 Years		2 Swell		2 Tower
	3 Hamlet		3 Shades		3 Paletot
	4 Diverge		4 Pennant		4 Haymaker
	5 Supplement		5 Moustache		5 Sentiment
33	1 Stale	42	1 Dear	51	1 Limb
	2 Wrote		2 Arrow		2 Index
	3 Litter		3 Cream		3 Locus
	4 Mallard		4 Estimate		4 Bannister
	5 Apartheid		5 Mainstream		5 Floor show
34	1 Fife	43	1 Tips	52	1 Nay
	2 Scoff		2 Whisky		2 Garda
	3 Giraffe		3 Marquis		3 Finger
	4 Falafel		4 Placebo		4 Constance
	5 Flagstaff		5 Duckling		5 Balloting
35	1 Free	44	1 Fang	53	1 Newt
	2 Gait		2 Donne		2 Candle
	3 Roses		3 Bollard		3 Galaxy
	4 Misinform		4 Phantom		4 Sparring
	5 Heartbreak		5 Millstone		5 Worships
36	1 Over	45	1 Tuna	54	1 Hip
	2 Intent		2 Vain		2 Ounce
	3 Ancient		3 Monarch		3 Bottom
	4 Chilean		4 Moderate		4 Number one
	5 Offering		5 Extension		5 Stationer

55	1 Disc	**64**	1 Fool	**73**	1 Quip
	2 Bracer		2 Coda		2 Yeast
	3 Prefab		3 Edith		3 Extent
	4 Pageant		4 Magnetism		4 Hysteria
	5 Rearrange		5 Stonehenge		5 Abashment

55
1 Disc
2 Bracer
3 Prefab
4 Pageant
5 Rearrange

56
1 Plug
2 Pesky
3 Barest
4 Whopping
5 Racetrack

57
1 Like
2 Laxity
3 Wicked
4 Flavour
5 Butterfly

58
1 Okra
2 Patois
3 Quagga
4 Palatial
5 Anaconda

59
1 Swap
2 Peak
3 March
4 Concourse
5 Fairground

60
1 Inn
2 Tail
3 Chalet
4 Discovery
5 Enid Blyton

61
1 Ahab
2 Wary
3 Mimicry
4 Lancelot
5 Moustache

62
1 Zen
2 Expo
3 Divorce
4 Tutelage
5 Arithmetic

63
1 Peg
2 Ladder
3 Sundry
4 Preface
5 Scandalise

64
1 Fool
2 Coda
3 Edith
4 Magnetism
5 Stonehenge

65
1 Muse
2 Grave
3 Goblin
4 Squander
5 Electrode

66
1 Pin
2 Away
3 Sheen
4 Punishment
5 Veterinary

67
1 To-do
2 Phew
3 Pickaxe
4 In secret
5 Authoress

68
1 Dupe
2 Frump
3 Snafu
4 Wretched
5 Livelihood

69
1 Ewe
2 Model
3 Whist
4 Operation
5 Periodical

70
1 Undo
2 Scoop
3 Poster
4 Married
5 Innovation

71
1 Sky
2 Marque
3 Waxing
4 Bold face
5 Slivovitz

72
1 Rhea
2 Scotch
3 Grannie
4 Proverb
5 Backside

73
1 Quip
2 Yeast
3 Extent
4 Hysteria
5 Abashment

74
1 Once
2 Viola
3 Miser
4 Sheep dip
5 Easy does it

75
1 Wow
2 Uvula
3 Viewer
4 Slowworm
5 Werewolves

76
1 Sum
2 Snail
3 Spouse
4 Shoveller
5 Redundant

77
1 Rent
2 Shrew
3 Bedlam
4 Blushed
5 Bewitching

78
1 Wail
2 Light
3 Brahms
4 Rickshaw
5 Grandiose

79
1 King
2 Craft
3 Agree
4 Fancy-free
5 Local call

80
1 Maine
2 Esther
3 Wyvern
4 Noodles
5 Royalist

81
1 Naff
2 Fable
3 Offal
4 Guffawed
5 Federalist

82	1 Empty	91	1 Whelp	100	1 Kinky
	2 Golden		2 Party		2 Japan
	3 Grange		3 Parent		3 Pompom
	4 Builder		4 Escargot		4 Tsunami
	5 Napoleon		5 Lambaste		5 Exuberant

83	1 Toll	92	1 Face	101	1 Vex
	2 Myrrh		2 Stain		2 Quirky
	3 Haggle		3 Client		3 Sjambok
	4 Gemfish		4 Bachelor		4 Pounced
	5 Iniquitous		5 Red-headed		5 Flyweight

84	1 Info	93	1 Pine	102	1 Rune
	2 Arson		2 Plus		2 Ruse
	3 Misses		3 Funfair		3 Brogue
	4 Trollope		4 Stranger		4 Flawless
	5 Economise		5 Purloined		5 Hoodwinked

85	1 Yard	94	1 Tray	103	1 Vega
	2 Dark		2 Squawk		2 Tiler
	3 Early		3 Big fish		3 Commute
	4 Sprightly		4 Zip code		4 Drummer
	5 Easy Street		5 Junk mail		5 Purchaser

86	1 Genus	95	1 Serb	104	1 Roar
	2 Bebop		2 Graft		2 Upset
	3 Squire		3 Mombasa		3 Emery
	4 Revered		4 Chicane		4 Provision
	5 Handshake		5 Introvert		5 Menagerie

87	1 Sigh	96	1 Asti	105	1 Bala
	2 Berk		2 Polo		2 Aaron
	3 Rimini		3 Vera		3 Avatar
	4 Asterisk		4 Inconstant		4 Alabama
	5 Night nurse		5 Preference		5 Bananarama

88	1 Trump	97	1 Hunch	106	1 Lamp
	2 Poster		2 Unseat		2 Query
	3 Suites		3 Shallow		3 Framed
	4 Pioneer		4 Protest		4 Woodland
	5 Fandango		5 Penance		5 Periphery

89	1 Hall	98	1 Lava	107	1 Blaze
	2 White		2 Bless		2 Clerk
	3 Piping		3 Gruel		3 Ritual
	4 Revolver		4 Mahogany		4 Identity
	5 Professor		5 Adolescent		5 Resident

90	1 Egg	99	1 Lie	108	1 Arm
	2 Whoa		2 Lemon		2 Artic
	3 Adult		3 Cottage		3 Spectra
	4 Free-for-all		4 Toasted		4 Treasure
	5 Obliterate		5 Danish blue		5 Congenial

109
1 Moot
2 Mocha
3 Rumple
4 Portent
5 Epistolary

110
1 Aloo
2 Baltic
3 Threat
4 Earthen
5 Countdown

111
1 Jazzy
2 Qualms
3 Struck
4 Preview
5 Frothing

112
1 Ship
2 Kill
3 Holst
4 Sentiment
5 Sand hopper

113
1 Shelf
2 Fairly
3 Pimple
4 Biology
5 Superior

114
1 Arson
2 Lammas
3 Retort
4 Compass
5 Sardines

115
1 Aphid
2 Beast
3 Tartar
4 Belgians
5 Redesign

116
1 Pilot
2 Pearly
3 Pester
4 Partial
5 Parmesan

117
1 Sark
2 Rune
3 Loose
4 Portrayal
5 Baton Rouge

118
1 Brag
2 Witch
3 Magnet
4 Intended
5 Plaintiff

119
1 Bob
2 Abbot
3 Baobab
4 Bubble gum
5 Bible belt

120
1 Uses
2 Petri
3 Suspect
4 Hebrides
5 Sancerre

121
1 Hell
2 Divan
3 Kismet
4 Implicit
5 Litterbug

122
1 Cart
2 Parrot
3 Answer
4 Gossipy
5 Virginian

123
1 Mess
2 Drown
3 Thyme
4 Confront
5 Brigantine

124
1 Bats
2 Fruit
3 Cricket
4 Vampire
5 Horseshoe

125
1 Shem
2 Draw
3 Cubit
4 Trendiest
5 Concertina

126
1 Tin
2 Alms
3 Mixer
4 Sideboards
5 Off the mark

127
1 Mrs
2 Trim
3 Thatch
4 Armchairs
5 Schismatic

128
1 Wagon
2 Wharf
3 Wound
4 Wordplay
5 Wineglass

129
1 Mews
2 Peewit
3 Second
4 Codling
5 Gentlemen

130
1 Hall
2 Sash
3 Chalet
4 Bachelor
5 Hippodrome

131
1 Flax
2 Whisk
3 Potter
4 Syndrome
5 Embroider

132
1 Orator
2 Piffle
3 Result
4 Squash
5 Landlord

133
1 Dock
2 Ounce
3 Cinch
4 Chitchat
5 Conspiracy

134
1 Burp
2 Pique
3 Strain
4 Execrate
5 Institute

135
1 Crow
2 Bairn
3 Broke
4 Ignition
5 Benefactor

136
1 Club
2 Charm
3 Junket
4 Merchant
5 Blackjack

137
1 Gaol
2 Ampere
3 Gallop
4 Telford
5 Technique

138
1 Chef
2 Lying
3 Piano
4 Collector
5 Tangerine

139
1 Sent
2 Night
3 There
4 Diplomat
5 Spellbound

140
1 Mad
2 Almonds
3 Conduct
4 Justice
5 Jolliest

141
1 New
2 In part
3 Demean
4 Preacher
5 Confessor

142
1 Viz
2 Comb
3 Jonquil
4 Fogeyish
5 Postmarked

143
1 Love
2 Divan
3 Reveal
4 Beehive
5 Vindicated

144
1 Rally
2 Gravel
3 Merton
4 Parsley
5 Matadors

145
1 Cows
2 Angel
3 Panacea
4 Groucho
5 Eglantine

146
1 Tote
2 Erne
3 Tokyo
4 Saturnine
5 World-weary

147
1 Snub
2 Hubby
3 Divine
4 Lobbyist
5 Beatitude

148
1 Main
2 Pear
3 Golden
4 Delicious
5 Worcester

149
1 Punch
2 Maiden
3 Wooden
4 Mustang
5 Stalking

150
1 Mind
2 Otter
3 Presto
4 Polka dot
5 Blackball

151
1 Iliad
2 Ironic
3 Issues
4 Itemise
5 Ignorant

152
1 Belt
2 Pack
3 Shingle
4 Misprint
5 Sometimes

153
1 Fair
2 Launch
3 Pathos
4 Capital
5 Freelance

154
1 Amber
2 Motif
3 Ballast
4 Xeroxed
5 Jingoism

155
1 Sue
2 Hopi
3 Tosca
4 Apologetic
5 Intangible

156
1 Bureau
2 Consul
3 Hybrid
4 Offend
5 Leverage

157
1 Noel
2 Even
3 Rally
4 Informant
5 Daily bread

158
1 Ere
2 Canal
3 Tumulus
4 Tbilisi
5 Door-to-door

159
1 Dido
2 Gusto
3 Padre
4 Standing
5 Dismissive

160
1 Qualm
2 Captor
3 Fervid
4 Blazing
5 Whiskery

161
1 Steer
2 Field
3 Fourth
4 Copper
5 Canterbury

162
1 Loaf
2 Amuses
3 Picnic
4 Springy
5 Assailant

163 1 Grid
2 Stint
3 Pesky
4 Cockatoo
5 Friendless

164 1 Mind
2 Scold
3 Asylum
4 Younger
5 Lighterman

165 1 Minx
2 Anvil
3 Zaire
4 Moralise
5 Up a gum tree

166 1 Dock
2 Deems
3 Bustle
4 Boarder
5 Seminaries

167 1 Oxen
2 Exeat
3 Gorgon
4 Paranoid
5 Tax exiles

168 1 Adopt
2 Pinto
3 Winch
4 Mediocre
5 Substance

169 1 Lag
2 Chad
3 Allergy
4 Consommé
5 Limitation

170 1 Fall
2 Liken
3 False
4 Soap opera
5 Elbow room

171 1 Sore
2 Palace
3 With it
4 Airship
5 Blockhead

172 1 Croc
2 Occur
3 Czech
4 Concocts
5 Micrococci

173 1 Hale
2 Misty
3 Yellow
4 Soldered
5 Flagstone

174 1 Boy
2 Oriel
3 Right-on
4 Starship
5 Economise

175 1 Wild
2 Trade
3 Wanton
4 Catapult
5 Duchesses

176 1 Bandy
2 Berlin
3 Surrey
4 Growler
5 Sociable

177 1 Ogre
2 Eats
3 Aaron
4 Aeroplane
5 Mouthpiece

178 1 Toll
2 Body
3 Avarice
4 Cardiff
5 Gargantuan

179 1 Papal
2 Gaffe
3 Wretch
4 Masseur
5 Mislaying

180 1 Twig
2 Snip
3 Tense
4 Post-haste
5 Rainforest

181 1 Game
2 Budge
3 Agreed
4 Bargain
5 Grandstand

182 1 Ashen
2 Evade
3 Status
4 Kingpin
5 Imperfect

183 1 Wild
2 Smart
3 Scratch
4 Business
5 Visiting

184 1 Watt
2 Rocket
3 Touchy
4 Marquee
5 Lohengrin

185 1 Did
2 Daddy
3 Doddle
4 Dividend
5 Fuddy-duddy

186 1 Apart
2 Areas
3 County
4 Whereas
5 Subeditor

187 1 Sea
2 Behind
3 Combine
4 Imagine
5 Disarming

188 1 Rome
2 Baddie
3 Derrick
4 Catalan
5 Downpour

189 1 Scam
2 Mace
3 Choc-ice
4 Capacity
5 Concubine

190	1 Rob	199	1 Need	208	1 Spa
	2 Whig		2 Blimp		2 Elgar
	3 Loser		3 Hello		3 Hangout
	4 Balloonist		4 Iron Cross		4 Hayseed
	5 Run aground		5 Constance		5 Greenhouse
191	1 Plum	200	1 Stole	209	1 Waxy
	2 Lucky		2 Salad		2 Ghost
	3 Chin-up		3 Bust-up		3 Execute
	4 Picasso		4 Pimple		4 Baggage
	5 Stablemate		5 Impression		5 Beady-eyed
192	1 Typo	201	1 AWOL	210	1 Itch
	2 Doyen		2 Wowed		2 Sabot
	3 Pantry		3 Dik-dik		3 Presto
	4 Eyesight		4 Wayward		4 Dejected
	5 Artillery		5 Trampoline		5 Detailing
193	1 Sot	202	1 Can	211	1 Cam
	2 Clean		2 Barely		2 Apache
	3 Crikey		3 Brexit		3 Tooting
	4 Textbook		4 Reserves		4 New Delhi
	5 Developers		5 Statutory		5 Friction
194	1 Dory	203	1 Pope	212	1 Épée
	2 Mite		2 Raja		2 Tee-hee
	3 Embassy		3 Depict		3 Jeeves
	4 Identity		4 Junkyard		4 Wee Frees
	5 Alignment		5 Palindrome		5 Esteemed
195	1 Bank	204	1 Damn	213	1 Conk
	2 Poplar		2 Noting		2 Tidal
	3 Temple		3 Garnish		3 Joyous
	4 Barking		4 Mangoes		4 Gunmaker
	5 All Saints		5 Serenade		5 Robin Hood
196	1 Apt	205	1 Venom	214	1 Wi-fi
	2 Mood		2 Centre		2 Obey
	3 Zip code		3 Clutch		3 Herod
	4 Pastiche		4 Toffee		4 Radar trap
	5 For example		5 Red Square		5 Van Helsing
197	1 Plea	206	1 Abbé	215	1 Know
	2 Astir		2 Bizet		2 Gnomic
	3 Maple		3 Memoir		3 Wholly
	4 Dominant		4 Platinum		4 Wrought
	5 Serbo-Croat		5 Frugality		5 Psychotic
198	1 Reads	207	1 Abed	216	1 Verge
	2 Digest		2 Sofa		2 Curate
	3 Vigour		3 Despot		3 Revile
	4 Riskier		4 Implicit		4 Secular
	5 Although		5 Chinchilla		5 Provence

217 1 Nigh
     2 Tokay
     3 Braise
     4 La Palma
     5 Enthusiast

218 1 Abet
     2 Dizzy
     3 Barter
     4 Terabyte
     5 Arbitrate

219 1 Exit
     2 Pawn
     3 Lyric
     4 Alimental
     5 Concretion

220 1 Lard
     2 Flout
     3 Notion
     4 Limeade
     5 Spoilsport

221 1 Finn
     2 Pliny
     3 Wolves
     4 Viceroy
     5 Flea market

222 1 Cab
     2 Lass
     3 Shelf
     4 Generation
     5 On schedule

223 1 Regal
     2 Intent
     3 Earner
     4 Aviator
     5 Butcher's

224 1 Itch
     2 Rock
     3 Comma
     4 Temporary
     5 Dismissive

225 1 Mint
     2 Angel
     3 Talent
     4 Farthing
     5 Sovereign

226 1 Vapid
     2 Skate
     3 Caress
     4 Waylaid
     5 Chopstick

227 1 Repel
     2 Suite
     3 Sacred
     4 Furlong
     5 Dashboard

228 1 High
     2 Kaiser
     3 Cousins
     4 Measles
     5 Shepherd

229 1 Timmy
     2 World
     3 Grouse
     4 See you
     5 Celebrated

230 1 Waxy
     2 Femme
     3 Modesty
     4 Hack off
     5 Driftwood

231 1 Pert
     2 Swell
     3 Cheat
     4 Intrepid
     5 Delawarean

232 1 Photo
     2 Kitty
     3 Fiasco
     4 Humdrum
     5 Insurgent

233 1 Fame
     2 Sale
     3 Trait
     4 Rock-solid
     5 Rattletrap

234 1 Done
     2 Least
     3 Forest
     4 Feathers
     5 Chastened

235 1 Rite
     2 Shed
     3 Tint
     4 Altogether
     5 Bluebottle

236 1 Avers
     2 Specs
     3 Odds on
     4 Penelope
     5 Scottish

237 1 Dupe
     2 Lustre
     3 Sternum
     4 Nothing
     5 Re-enlist

238 1 Noon
     2 Styli
     3 Get on
     4 Ownerless
     5 Methodist

239 1 Rudd
     2 Oates
     3 Swivel
     4 Hogwash
     5 Knot garden

240 1 Lint
     2 Kismet
     3 Parity
     4 Redcap
     5 Stonehenge

241 1 Raw
     2 Scared
     3 Tanned
     4 Sauterne
     5 Sportsman

242 1 Threw
     2 Shout
     3 Laxity
     4 Hideout
     5 Paramount

243 1 Tool
     2 Like
     3 Ninny
     4 Show trial
     5 Outgeneral

244 1 Rose
2 Fiend
3 Hermit
4 Ghastly
5 Apprentice

245 1 Gaunt
2 Qatar
3 Grammar
4 Gauging
5 Quatrain

246 1 Shed
2 List
3 Rancour
4 Rankest
5 Extra cover

247 1 Libel
2 Trace
3 Detain
4 Bassoon
5 Orchestra

248 1 Mud
2 Rill
3 Yearn
4 Mastermind
5 Remembered

249 1 Try
2 Wished
3 Patient
4 Opposing
5 Take arms

250 1 Iffy
2 Fluff
3 Faffed
4 Off form
5 Fifty-fifty